Marwen Azouzi

Adaptation au domaine de la traduction automatique statistique

Marwen Azouzi

Adaptation au domaine de la traduction automatique statistique

Traitement Automatique des Langues Naturelles

Presses Académiques Francophones

Impressum / Mentions légales
Bibliografische Information der Deutschen Nationalbibliothek: Die Deutsche Nationalbibliothek verzeichnet diese Publikation in der Deutschen Nationalbibliografie; detaillierte bibliografische Daten sind im Internet über http://dnb.d-nb.de abrufbar.
Alle in diesem Buch genannten Marken und Produktnamen unterliegen warenzeichen-, marken- oder patentrechtlichem Schutz bzw. sind Warenzeichen oder eingetragene Warenzeichen der jeweiligen Inhaber. Die Wiedergabe von Marken, Produktnamen, Gebrauchsnamen, Handelsnamen, Warenbezeichnungen u.s.w. in diesem Werk berechtigt auch ohne besondere Kennzeichnung nicht zu der Annahme, dass solche Namen im Sinne der Warenzeichen- und Markenschutzgesetzgebung als frei zu betrachten wären und daher von jedermann benutzt werden dürften.

Information bibliographique publiée par la Deutsche Nationalbibliothek: La Deutsche Nationalbibliothek inscrit cette publication à la Deutsche Nationalbibliografie; des données bibliographiques détaillées sont disponibles sur internet à l'adresse http://dnb.d-nb.de.
Toutes marques et noms de produits mentionnés dans ce livre demeurent sous la protection des marques, des marques déposées et des brevets, et sont des marques ou des marques déposées de leurs détenteurs respectifs. L'utilisation des marques, noms de produits, noms communs, noms commerciaux, descriptions de produits, etc, même sans qu'ils soient mentionnés de façon particulière dans ce livre ne signifie en aucune façon que ces noms peuvent être utilisés sans restriction à l'égard de la législation pour la protection des marques et des marques déposées et pourraient donc être utilisés par quiconque.

Coverbild / Photo de couverture: www.ingimage.com

Verlag / Editeur:
Presses Académiques Francophones
ist ein Imprint der / est une marque déposée de
OmniScriptum GmbH & Co. KG
Heinrich-Böcking-Str. 6-8, 66121 Saarbrücken, Deutschland / Allemagne
Email: info@presses-academiques.com

Herstellung: siehe letzte Seite /
Impression: voir la dernière page
ISBN: 978-3-8416-3073-5

Copyright / Droit d'auteur © 2015 OmniScriptum GmbH & Co. KG
Alle Rechte vorbehalten. / Tous droits réservés. Saarbrücken 2015

Année universitaire 2010-2011

Remerciements

J'ai une vive dette envers tous ceux qui m'ont aidé à rassembler les éléments qui constituent l'indispensable fondation de ce travail.

Je remercie tout particulièrement Mr. Laurent BESACIER et Mr Hervé BLANCHON pour m'avoir accueilli au sein du GETALP (LIG), et m'avoir ainsi offert la possibilité de travailler dans une équipe de linguistique informatique de renommée mondiale. Ils ont toujours été disponibles, malgré de nombreuses occupations, pour m'aider dans mon travail par leurs précieux conseils qui m'ont été d'une grande aide au cours de ce mémoire. Qu'ils trouvent ici le témoignage de toute mon reconnaissance et mon profond respect.

Mr. George ANTONIADIS mon tuteur à l'université Stendhal Grenoble 3 pour l'intérêt qu'il m'a manifesté. Qu'il trouve ici l'expression de ma profonde gratitude.

Mes enseignants pour la qualité de l'enseignement qu'ils m'ont dispensé durant mes études, surtout monsieur Olivier KRAIF qui m'a fait l'honneur d'accepter la tâche d'être rapporteur.

Marwen

Sommaire

Sommaire 3
Liste des tableaux 6
Liste des figures 7
CHAPITRE I : PRÉSENTATION DU CONTEXTE PROFESSIONNEL 11
1. Présentation de l'organisme d'accueil 11
2. Présentation de l'équipe GETALP 12
CHAPITRE II : ETAT DE L'ART 14
1. La traduction automatique statistique 14
   1.1. L'approche statistique 14
      1.1.1. Modèle de canal bruité 14
      1.1.2. Modèle log-linéaire 15
         1.1.2.1. Modèle de langage 15
         1.1.2.2. Modèle de traduction fondé sur les séquences de mots : 16
         1.1.2.3. Le modèle de distorsion 17
         1.1.2.4. La pénalité des mots 18
         1.1.2.5. La pénalité des phrases 18
   1.2. Le décodage 18
   1.3. L'évaluation automatique des systèmes de traduction 19
      1.3.1. Évaluation humaine 19
      1.3.2. Évaluation automatique 19
         1.3.2.1. Le score BLEU 19
2. Adaptation de la traduction automatique statistique 20
CHAPITRE III : MISE AU POINT DE L'ADAPTATION 21
1. Introduction 21
2. Description des systèmes 21
3. Expérimentations 22
   3.1. Données d'apprentissage en-domaine post-éditées 22
      3.1.1. Préparation et prétraitements du corpus Eolss 22
      3.1.2. Création d'un système de base spécialisé 24
         3.1.2.1. Adaptation de la procédure d'alignement pour générer une table de traduction en-domaine améliorée 24
         3.1.2.2. La construction du modèle de langage en-domaine 25

3.2. Données d'apprentissage hors-domaine 26
    3.2.1. Préparation et prétraitements du corpus Europarl 26
    3.2.2. Création d'un système de base hors-domaine 26
    3.3. Expérimentations d'adaptation «statique » avec les données Eolss 28
    3.3.1. Concaténation des données d'apprentissage 29
    3.4. Expérimentations d'adaptation «dynamique » avec les données Eolss 31
    3.4.1. Seulement un modèle de langage spécifique 33
    3.4.2. Deux modèles de langage 34
        3.4.2.1. Interpolation log-linéaire 34
        3.4.2.2. Interpolation linéaire 34
    3.4.3. Deux modèles de traduction 35
    3.5. L'architecture mise en œuvre 36
    3.6. Évaluation comparative de l'amélioration itérative du système appris sur une quantité de données post-éditées : 36

CHAPITRE IV : VERS L'INTÉGRATION D'UN SYSTÉME POUR LA RECHERCHE D'INFORMATION 38

1. Introduction 38
2. L'encyclopédie *Wikipédia* comme source d'information 38
    2.1. Choix de l'encyclopédie *Wikipédia* 38
    2.2. Format des données *Wikipédia* 39
    2.3. Construction du corpus à partir du *Wikipédia* 39
3. Recherche de données spécifiques : 40
4. Recherche d'information basée sur la similarité 41
    4.1. L'outil « Lemur » pour la recherche d'information 41
    4.2. Sélection des documents similaires avec TF-IDF 41
5. Adaptation du modèle de langage 42
6. Expérimentations et résultats 42
7. Conclusion 43

CONCLUSION GÉNÉRALE ET PERSPECTIVES 44

    ANNEXES 45

Annexe 1 Architecture d'une iMAG 45
Annexe 2 Les scripts réalisés : 45
Annexe 3 Exemple d'un article Wikipédia 46
Annexe 4 Exemple d'un article Wikipédia converti en texte brut 47

Annexe 5 Toutes les expérimentations avec les scores BLEU calculés sous une forme hiérarchique 47

Annexe 6 Exemples de phrases choisis pendant l'évaluation qualitative 48

Annexe 6 : Objectifs de la thèse CIFRE avec « Lingua & Machina » 51

Bibliographie 53

Liste des tableaux

Tableau 1 Statistiques sur le corpus en-domaine Eolss 24

Tableau 2 Nombre des n-grammes (2, 3 et 4) acquis durant l'apprentissage du modèle de langage en-domaine............... 24

Tableau 3 Statistiques sur le corpus hors-domaine Europarl 27

Tableau 4 Nombre des n-grammes (2, 3 et 4) acquis durant l'apprentissage du modèle de langage en-domaine............... 27

Tableau 5 Statistiques sur les données en-domaine et hors-domaine concaténées............... 29

Tableau 6 Nombre des n-grammes (3, 4 et 5) acquis durant l'apprentissage du modèle de langage sur les données concaténées............... 29

Tableau 7 Statistiques sur les modèles de langages (spécifique, hors-domaine et concaténés) 30

Tableau 8 Statistiques sur les données concaténées en fonction de l'importance attribuée au corpus spécialisé............... 30

Tableau 9 Scores BLEU calculés en fonction de l'importance attribuée au corpus spécialisé 31

Liste des figures

Figure 1 L'organigramme du LIG 12

Figure 2 L'ensemble des sous-corpus Eolss 23

Figure 3 Améliorer la qualité d'alignement en mots 25

Figure 4 Les scores BLEU calculée avec les trois modèles de langage spécialisés d'ordre 2, 3 et 4 sur la partie de test 25

Figure 5 La perplexité calculée avec les trois modèles de langage spécialisés d'ordre 2, 3 et 4 sur la partie de test 25

Figure 6 Les scores BLEU calculée avec les trois modèles de langage hors-domaine d'ordre 2, 3 et 4 sur la partie de développement 27

Figure 7 La perplexité calculée avec les trois modèles de langage hors-domaine d'ordre 2, 3 et 4 sur la partie de développement 27

Figure 8 Système de base hors-domaine 28

Figure 9 Adaptation « statique » 29

Figure 10 Tailles relatives des données en fonction de l'importance attribuée au corpus spécialisé 30

Figure 11 Adaptation « dynamique » 32

Figure 12 La perplexité calculée avec le modèle final sur la partie test en fonction de la valeur de lambda attribué au modèle de langage hors-domaine 34

Figure 13 Les scores BLEU calculés avec le modèle final sur la partie test en fonction de la valeur de lambda attribué au modèle de langage hors-domaine 34

Figure 14 L'architecture actuelle de l'adaptation de notre système de traduction automatique statistique 36

Figure 15 Evaluation de la traduction automatique en fonction de la quantité des données post-éditées 37

Figure 16 Processus de la conversion de *Wikipédia* en un corpus de texte brut 40

Figure 17 Processus de l'adaptation du modèle de langage 42

INTRODUCTION

Ce stage s'inscrit dans le cadre de la formation de deuxième année du Master professionnel sciences du langage, spécialité industries de la langue (IDL), de l'Université Stendhal à Grenoble. L'organisme accueillant est le GETALP (Groupe d'Étude en Traduction Automatique/Traitement Automatisé des Langues et de la Parole) qui est une équipe du laboratoire d'informatique de Grenoble (LIG). Le but des travaux du GETALP est de contribuer de façon significative à l'émergence d'une informatique « ubilingue [1] », dans le contexte du développement de l'informatique ubiquitaire. Cet objectif nécessite de mener à bien des recherches à caractère souvent pluridisciplinaire, en informatique, en linguistique et psycholinguistique, en sémantique (lien avec les ontologies), en pragmatique (pour le dialogue), et en traitement de l'oral. Le stage a été co-encadré par M. Laurent Besacier, professeur à l'Université Joseph Fourier et M. Hervé Blanchon, maître de conférences à l'Université Pierre Mendès-France.

En termes de qualité de traduction, la sortie brute d'un système de traduction automatique statistique est presque toujours insatisfaisante pour l'accès au sens par des utilisateurs ne connaissant pas la langue source. Les traductions sont maintenant souvent assez « fluides », au moins vers des langues à morphologie flexionnelle faible ou inexistante comme l'anglais et le chinois. Mais cette fluidité, obtenue grâce à l'emploi de « modèles de langue » de la langue cible, cache très souvent d'énormes contre-sens, oublis ou ajouts. On peut, dans un futur proche, espérer une grande amélioration de la qualité « linguistique », fortement corrélée à la qualité d'usage pour ce type de situation, typique de la navigation sur des sites Web en langues étrangères.

D'autre part, on sait que, si l'utilisateur connaît au moins un peu la langue source ainsi que le domaine, les résultats de la traduction automatique peuvent être très utiles, comme données de base pour la post-édition, afin de produire des traductions correctes (ou d'un niveau de qualité désirable). Ceci, en un temps 3 à 4 fois plus court que si on traduit d'une manière directe à partir de la phrase en langue source sans « suggestion » ou « pré-traduction ». En effet, le temps et l'efficacité de la post-édition dépendent fortement de la qualité de la sortie de la traduction automatique. Le laboratoire LIG[2] réalise ce genre d'expériences presque quotidiennement depuis 2008 (post-édition multilingue de 25 articles de l'encyclopédie Eolss sur l'eau et l'écologie traduits automatiquement et principalement par Systran, et post-édition régulière depuis 2009 de sites Web en accès multilingue grâce à des iMAG[3] de démonstration en ligne).

Une iMAG est une passerelle de traduction contributive pour les sites Web. Une passerelle est un service Web qui permet de visiter un site, tout en effectuant des traitements sur les données à afficher, alors que du point de vue de la navigation, le passage à travers la passerelle doit rester « transparent » pour le visiteur. Ainsi avec une passerelle de traduction, les textes seront

---

[1] Accès à l'information et diffusion de l'information pour tous, partout et dans n'importe quelle langue.
[2] http://www.liglab.fr/
[3] http://service.aximag.fr/xwiki/bin/view/imag/home (voir « annexe 1 » pour comprendre l'architecture mis en œuvre)

traduits, mais les clics sur les différents liens « internes » du site, permettront de visiter les pages demandées tout en restant dans la passerelle, les liens externes restants inchangés. « Babelfish[4] » et « Google-translate[5] » sont les exemples les plus connus. Si Google permet de corriger les traductions proposées, il ne restitue pas les corrections dans les visites suivantes, et ça lui est impossible du fait de la technologie mise en œuvre. Contrairement aux précédents, iMAG est lié à une mémoire de traduction dédiée à un site élu, ce qui assure que les contributions proposées par les visiteurs pour améliorer les traductions seront visibles dès les prochaines visites, la couverture assurée par le système étant ainsi directement adaptée au domaine du site élu.

Si la qualité linguistique des résultats de la traduction automatique augmente, grâce à une spécialisation à un sous-langage (domaine), comme par exemple celui du site Web d'une ville (le laboratoire LIG a fait des expériences avec celui de la Métro à Grenoble et celui de la ville de Danang au Vietnam), on peut raisonnablement espérer arriver à produire des traductions « brutes », et non plus « grossières », c'est-à-dire révisables sans devoir toujours regarder et comprendre chaque segment source avant de décider comment corriger (ou non !) le résultat de la traduction automatique.

L'idée à opérationnaliser consiste donc à organiser l'évolution d'un système « empirique » (probabiliste ou « par l'exemple ») pour qu'il s'améliore (apprenne automatiquement) à partir des résultats de la post-édition humaine, pour des sous-langages particuliers, ce qui est le cas pour l'accès multilingue via une iMAG dédiée à un site précis.

Linguistiquement parlant, il faudrait plutôt parler de la « typologie » des textes d'un site Web, ou d'une collection de documents dans des domaines particuliers, dans notre cas. Une typologie est définie à la fois par les constructions linguistiques et leurs interprétations sémantiques dans un cadre restreint, et de façon pratiquement orthogonale par le domaine de référence de ces textes, c'est-à-dire par les mots et termes utilisés, avec leurs interprétations sémantiques dans ce domaine. Cependant, nous parlerons ici, en commettant un abus de langage très fréquent, de « domaine » à la place de « typologie ».

Les systèmes de traduction automatique disponibles sont souvent entraînés sur beaucoup de données de différents domaines. Dans ce cas-là, ils sont considérés comme « généralistes » et leurs performances de traduction dans des contextes restreints (sous-langages) sont limitées et inaméliorables. Notre idée consiste, alors, à créer **séparément** des moteurs de traduction statistique pour chaque domaine avec des quantités **croissantes** de données d'apprentissage **appropriées** dans le but d'avoir de meilleures performances de traduction. Cela fonctionne-t-il ? À partir de quelle quantité de données spécifiques d'apprentissage pourra-t-on construire le système spécialisé ? Aura-t-on besoin d'autres sources additionnelles ?

Ce travail, à la fois recherche et professionnel, m'a permis de prendre connaissance et d'expérimenter un domaine très spécifique du Traitement du Langage Naturel qu'est **l'adaptation de la traduction automatique statistique**. Le premier chapitre de cette mémoire est une présentation (état de l'art) permettant d'introduire les notions de base et concepts indispensables à la compréhension de ce domaine. Dans une deuxième partie, nous présentons nos systèmes de références ainsi que les outils et les approches utilisés pour la réalisation pratique et la mise au point de la technique de l'adaptation sur un domaine

---

[4] fr.babelfish.yahoo.com/
[5] translate.google.fr/

spécifique pour lequel les données d'apprentissage sont construites grâce à la post-édition humaine. Enfin, une troisième partie qui consiste à présenter nos expérimentations dans le but de créer un système pour la recherche d'information pour améliorer la qualité de traduction.

CHAPITRE I : PRÉSENTATION DU CONTEXTE PROFESSIONNEL

1. Présentation de l'organisme d'accueil

Le Laboratoire d'Informatique de Grenoble (LIG[6]), créé en janvier 2007 au terme d'une restructuration de plusieurs laboratoires. Il rassemble près de 500 chercheurs, enseignants-chercheurs, doctorants et techniciens, répartis en 24 équipes de recherche. Ses partenaires académiques sont le CNRS, Grenoble INP, l'INRIA, l'Université Joseph Fourier et l'Université Pierre-Mendès-France.

Les activités du LIG se déclinent en quatre grands thèmes scientifiques orientées vers les infrastructures informatiques, le logiciel, l'interaction et le traitement des connaissances. Le LIG est également fortement impliqué dans l'activité de valorisation.

Composé pour une grande majorité d'enseignants-chercheurs, les équipes du LIG assurent des enseignements de niveaux bac+1 à bac+5, dans tous les établissements du site grenoblois, avec également des interventions dans les établissements extérieurs et l'activité de formation continue.

La répartition des rôles et de l'autorité au sein du laboratoire peut être représentée par l'organigramme[7] ci-dessous (« figure 1 »).

---

[6] Toutes les informations sont trouvées sur le site http://www.liglab.fr
[7] http://www.liglab.fr/spip.php?article108

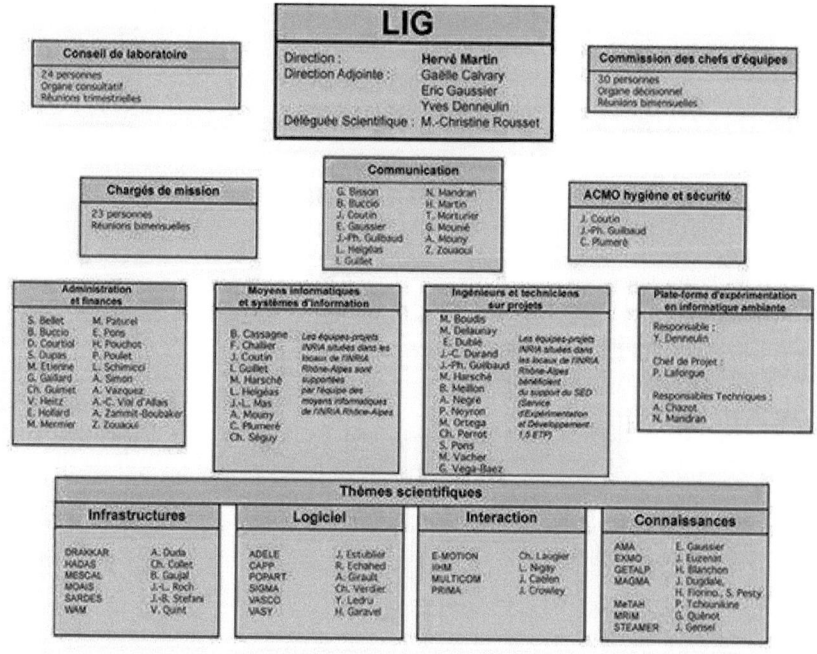

Figure 1 L'organigramme du LIG

2. Présentation de l'équipe GETALP

Le GETALP[8] (Groupe d'Étude en Traduction Automatique/Traitement Automatisé des Langues et de la Parole) est une équipe du Laboratoire d'informatique de Grenoble (LIG).

Le but des travaux du GETALP est de contribuer de façon significative à l'émergence d'une informatique ubilingue, dans le contexte du développement de l'informatique ubiquitaire. Cet objectif nécessite de mener à bien des recherches à caractère souvent pluridisciplinaire, en informatique, en linguistique et psycholinguistique, en sémantique (lien avec les ontologies), en pragmatique (pour le dialogue), et en traitement de l'oral.

---

[8] Toutes les informations sont trouvées sur le site http://getalp.imag.fr/xwiki/bin/view/Main/

L'Équipe GETALP est organisée autour de six thèmes de recherche principaux :
- Thème 1 : Traduction Automatique (TA) et Automatisée (TAO)
- Thème 2 : Traitement Automatique des Langues (TALN) et plates-formes associées
- Thème 3 : Collecte et construction de ressources linguistiques
- Thème 4 : Multilinguisme dans les systèmes d'information
- Thème 5 : Reconnaissance automatique de la parole, des locuteurs, des sons et des dialectes
- Thème 6 : Analyse sonore et interaction dans les environnements perceptifs

Les activités de ces thèmes de recherche partagent cinq défis :
- Rendre l'informatique multilingue et "ubilingue"
- Informatiser les langues peu dotées et peu écrites en adaptant des ressources existantes
- Rendre la communication langagière multimodale (texte, parole, geste)
- Trouver et implémenter des méthodes et outils d'évaluation liés à la tâche
- Utiliser l'interaction contributive pour collecter des ressources, améliorer des traductions et communiquer avec "sens garanti".

L'équipe GETALP est issue des équipe GEOD et GETA du laboratoire CLIPS et s'inscrit dans une longue histoire.

CHAPITRE II : ETAT DE L'ART
1. La traduction automatique statistique

En informatique, la traduction automatique statistique, en anglais « Statistical Machine Translation » (SMT), fait référence à la tâche qui permet de traduire automatiquement un texte d'une langue source vers une langue cible en utilisant des méthodes statistiques. Pour traduire on ne se base plus sur les règles linguistiques, comme dans les systèmes de TA Experts. Mais, on essaye de capturer, d'apprendre, les transformations à effectuer sur le texte en langue source pour aller vers le texte en langue cible grâce à des calculs mathématiques statistiques. Par conséquent, on procède à l'apprentissage automatique des systèmes en utilisant des données monolingues ou bilingues alignées pour que ces derniers deviennent capables de se comporter approximativement de la même façon et de chercher à produire des résultats quasi-naturels. La qualité des résultats va dépendre du couple de langues et de la qualité et la quantité des données d'apprentissage fournies, et ceci sans aucune restriction imposée par des règles linguistiques qui risquent de transformer désavantageusement tout système de traitement automatique des langues en un mécanisme fragile, peu fiable et insatisfaisant. Nous remarquons que, depuis que les méthodes statistiques ont commencé d'être utilisées, les systèmes de traduction automatique, par exemple, sont devenus « robustes » et « fiables » — c'est-à-dire insensibles à des perturbations externes ou des incertitudes de modélisation — donc capables de générer, quoi qu'il arrive, un résultat même s'il ne respecte pas les règles linguistiques imposées.

La traduction automatique statistique a, dans un premier lieu, beaucoup été étudiée par (Brown et al., 1990) et (Brown et al., 1993). Ces modèles étaient à base de mots où les phrases sont traduites mot par mot. Ensuite, des améliorations sur ces modèles ont conduit au développement des systèmes fondés sur les séquences de mots, en anglais « Phrase-Based SMT » (Koehn, Och, and Marcu, 2003), qui représentent, aujourd'hui, l'état de l'art de la traduction automatique statistique.

1.1. L'approche statistique

La traduction automatique statistique est l'une des applications du traitement automatique des langues naturelles pour lesquelles les méthodes probabilistes sont employées. Les traductions sont, alors, générées en se basant sur des modèles statistiques dont les paramètres sont extraits grâce à des analyses effectuées sur des données d'apprentissage connues sous le nom de « corpus parallèles ». L'idée est dérivée de la théorie d'information. Un texte est traduit en fonction de la loi de probabilité $p(e|f)$ qui calcule la probabilité que la phrase en langue cible e composée des mots $e_1 \ldots e_i$ soit une traduction de la phrase f composée des mots $f_1 \ldots f_i$ en langue source. Cependant, cette loi n'est pas suffisante pour permettre d'avoir des résultats de traductions qui soient corrects au niveau syntaxique et qui transmettent correctement le sens. Des approches ont, par conséquent, été proposées dans le but de trouver la présentation convenable pour appliquer la loi de probabilité.

1.1.1. Modèle de canal bruité

Une première approche intuitive qui applique la relation de Bayes est utilisée afin de faire apparaître un deuxième modèle $p(e)$ en langue cible appelé « modèle de langue ». On veut trouver la phrase e qui maximise $p(e|f)$. On utilisant la relation de Bayes[9] et sachant que $p(e)$ ne dépend pas de e, la traduction la plus probable $\hat{e}$ est, alors, exprimée de cette façon :

$$\hat{e} = \arg\max_{e} p(e|f) = \arg\max_{e} p(f|e)p(e) \qquad \text{Équation 1}$$

Le modèle de traduction $p(f|e)$ représente la probabilité que la séquence f soit la traduction de la séquence e, et le modèle de langage $p(e)$ représente la probabilité que la séquence e soit déjà observée en langue cible.

1.1.2. Modèle log-linéaire

Un modèle log-linéaire est une représentation mathématique qui permet de pondérer plusieurs sources d'information en tant que fonction caractéristique distincte. Il est en pratique souvent bénéfique de pondérer les différentes sources d'information que sont le modèle de langage $p(e)$ et le modèle de traduction $p(f|e)$. La quantité à maximiser devient ainsi :

$$\arg\max_{e} p(e|f) = \arg\max_{e} p(e)^{\alpha} p(f|e)^{(1-\alpha)} \qquad \text{Équation 2}$$

Avec un $\alpha \in [0,1]$ à choisir judicieusement.

En outre, cette méthode permet ainsi de pondérer plusieurs modèles de traduction et/ou plusieurs modèles de langages. L'expression maximisée peut alors s'écrire sous la forme suivante :

$$\arg\max_{e} p(X) = \arg\max_{e} \prod_{i} p_i(X)^{\alpha_i} \qquad \text{Équation 3}$$

Où les $p_i(X), i=1,...,I$ sont les différents modèles et les α_i sont les poids associés (Avec X qui remplace soit le modèle de langue $p(e)$, soit le modèle de traduction $p(f|e)$ soit tout autre fonction caractéristique).

1.1.2.1. Modèle de langage

Le modèle de langage est un autre composant principal des systèmes de traduction automatique statistique. On veut produire une phrase e qui a du « sens » et une syntaxe correcte en langue cible E. Cette notion pourra être capturée sous la forme d'un modèle de langue $p(e)$ capable de déterminer la probabilité qu'une séquence soit admissible dans une langue donnée. Néanmoins, un modèle de langage ne peut pas capturer toutes les phrases possibles d'une langue. Alors, comment pourra-t-on déterminer la probabilité qu'une séquence donnée fasse partie de la langue cible ? Au lieu de s'intéresser à la probabilité d'une phrase entière, on s'intéresse seulement aux morceaux des phrases. La solution la plus commune à ce problème sera d'utiliser les probabilités « n-gramme ». Un n-gramme

---

[9] Dans l'équation 1, le terme $p(f)$ au dénominateur est supprimé car il n'a pas d'influence sur l'opération $\arg\max_{e}$.

représente une séquence de *n* mots consécutifs dans n'importe quelle phrase. Les phrases les plus probables sont alors celles construites à partir des n-grammes de probabilité élevée et les phrases les moins probables sont celles construites à partir des n-grammes de probabilité basse. Disposant de corpus suffisamment larges, on pourra apprendre la distribution des ces n-grammes. Si $n=1$ alors on appelle le modèle un « unigramme ». De même, si $n=2,3$ alors les modèles sont respectivement appelés « bigramme » et « trigramme ». Mathématiquement, avec un modèle trigramme, on détermine la probabilité d'une séquence de mots comme suit :

$$p(e) = \prod_{i=1}^{I+1} p(e_i | e_{i-1}, e_{i-2}) \qquad \text{Équation 4}$$

Ici, e_{i-1} et e_{i-2} définissent l'historique pour e_i.

Le composant (modèle de langage) est ajouté au modèle log-linéaire de la façon suivante :

$$p(e,f) = \log p(e) \qquad \text{Équation 5}$$

1.1.2.2. Modèle de traduction fondé sur les séquences de mots :

Le modèle de traduction fondé sur les séquences de mots « Phrase-Based MT » est un composant essentiel des systèmes de traduction automatique statistique. C'est, en effet, la méthode la plus performante en traduction automatique statistique dans laquelle des séquences de mots sont utilisées comme unités principales. Il s'agit de toutes les séquences de mots contiguës possibles qui ne sont pas forcément des unités syntaxiques. De cette façon, ce modèle est considérablement similaire à la notion « n-gramme » sauf que, pour classifier les séquences de mots, on ne se base pas sur leur longueur. L'objectif principal est de réduire les restrictions imposées par les modèles à base de mots en traduisant des séquences entières de mots de différentes longueurs.

Soit $\bar{f}$ une phrase en langue source et $\bar{e}$ une phrase en langue cible segmentée en séquences de mots. Dans un système de traduction automatique statistique à base de séquences de mots, on décompose la phrase source f en « chunks » de mots $\bar{f}_1^P = \bar{f}_1, ..., \bar{f}_p, ..., \bar{f}_P$ et on traduit ensuite chacune de ces séquences avec possibilité de réordonnancement. On obtient, alors, une phrase cible $\bar{e}_1^P = \bar{e}_1, ..., \bar{e}_p, ..., \bar{e}_P$, en sachant que chacune de $\langle \bar{f}_p, \bar{e}_p \rangle$ est une traduction de l'autre. Finalement, la probabilité de la phrase entière traduite est calculée comme suit :

$$p(e|f) = \prod_{p=1}^{P} p(\bar{e}_p | \bar{f}_p) \qquad \text{Équation 6}$$

Les modèles à base de séquences de mots n'utilisent pas les approches « source-canal de transmission » proposées pour les modèles à base de mots, mais ils utilisent plutôt la méthode log-linéaire (pour laquelle chaque modèle, à savoir : le modèle de langage, le modèle de traduction, etc., est fourni en tant que fonction caractéristique distincte avec un poids associé). Un modèle de traduction fondé sur les séquences de mots est constituée de 4 différents fonctions caractéristiques utilisées dans un modèle log-linéaires :

Les probabilités de traduction des phrases « Phrase Translation probabilities »

Le modèle de traduction des phrases est intégré dans le modèle log-linéaire dans les deux sens, c'est-à-dire avec une fonction caractéristique distincte pour chaque sens de traduction. La manière dont ces composants sont ajoutés au modèle log-linéaire est la suivante :

$$p(e|f) = \log p(e|f) = \log \prod_{p=1}^{P} p(\bar{e}_p | \bar{f}_p) \qquad \text{Équation 7}$$

$$p(f|e) = \log p(f|e) = \log \prod_{p=1}^{P} p(\bar{f}_p | \bar{e}_p) \qquad \text{Équation 8}$$

Modèle de traduction lexicale :
De même, le modèle de traduction lexicale est ajouté au modèle log-linéaire dans les deux sens. Le poids lexical p_w pour une paire de phrases entière est calculé à partir du produit de toutes les séquences :

$$p(e|f) = \prod_{p=1}^{P} p(\bar{e}_p | \bar{f}_p) \qquad \text{Équation 9}$$

Les composants (le modèle de traduction lexical direct et le modèle de traduction lexical inversé) sont ajoutés au modèle log-linéaire de la façon suivante :

$$p(e|f) = \log p(e|f) = \log \prod_{p=1}^{P} p(\bar{e}_p | \bar{f}_p) \qquad \text{Équation 10}$$

$$p(f|e) = \log p(f|e) = \log \prod_{p=1}^{P} p(\bar{f}_p | \bar{e}_p) \qquad \text{Équation 11}$$

1.1.2.3. Le modèle de distorsion

Encore appelé modèle de réordonnancement, le modèle de distorsion permet de capturer le réordonnancement des séquences de mots en langue cible. En réalité, pendant la traduction, on n'est pas obligé de traduire de gauche à droite et de manière consécutive toutes les séquences d'une phrase en langue source. On pourra traduire donc dans le désordre en faisant des « sauts » en arrière et en avant entre chacune des séquences sources. L'hypothèse (la phrase cible) est alors construite à partir de cet « ordre distordu ». Pour modéliser la distorsion, on attribue des scores à chacun des « sauts » effectués. Supposons que a_p indique la position de départ de la séquence source qui a été traduite en p-ième séquence cible. La distorsion pourrait être calculée à travers un simple modèle exponentiel :

$$d(a_p - b_{p-1}) = \alpha^{|a_p - b_{p-1}|} \qquad \text{Équation 12}$$

α est à choisir convenablement. Aussi, on soustrait 1 pour indiquer qu'il ne devrait pas y avoir distorsion si les séquences sont traduites consécutivement. Finalement, la fonction caractéristique est ajoutée au modèle log-linéaire de la façon suivante :

$$p = \log \prod_{p=2}^{P} d(a_p - b_{p-1})$$ Équation 13

1.1.2.4. La pénalité des mots

Cette fonction caractéristique est utilisée pour calibrer la longueur de la phrase cible. Des fois, la phrase produite est disproportionnellement plus large que la phrase introduite. L'ajout de cette fonction aide à résoudre ce problème. La longueur de la phrase cible générée *e* est simplement rajoutée comme une fonction caractéristique au modèle log-linéaire. Si la phrase cible est constituée de *I* mots, alors l'équation serait :

$$p = I$$ Équation 14

1.1.2.5. La pénalité des phrases

Avant que toute traduction soit appliquée à une nouvelle phrase donnée, celle-ci doit être segmentée en séquences de mots. En effet, toutes les segmentations sont également envisageables, et seules les traductions de phrase choisie avec leur traduction, réordonnancement, et les scores du modèle de langage déterminent indirectement la segmentation de la phrase d'entrée.

Des expressions plus longues ou plus courtes ? Une façon simple pour s'orienter vers des expressions moins nombreuses et donc plus longues ou vers des expressions plus nombreuses et donc plus courtes est d'introduire un facteur ρ pour chaque traduction de la phrase, une pénalité d'expression (phrase penalty). D'une façon analogue à la pénalité du mot ω discuté ci-dessus, si ρ<1, nous préférons moins (plus longues) d'expressions, et si ρ>1, nous préférons plus (plus courtes) d'expressions.

En pratique, si le modèle a le choix d'utiliser une traduction d'expression plus longue, il tend à l'utiliser. Ceci est préférable car les expressions plus longues comprennent davantage de contexte. Bien sûr, les expressions longues sont moins fréquentes et donc elles sont moins fiables statistiquement, mais nous avons abordé ce problème avec pondération lexicale, qui actualise de mauvaises paires d'expression.

1.2. Le décodage

Le terme « décodage » est inspiré de l'idée de l'ancien cryptographe militaire Warren Weaver[10] qui considérait une phrase en Russe comme une phrase en anglais chiffrée. Cette phase est considérée comme étant la tâche la plus compliquée à réaliser vu le nombre élevée de décisions à prendre dans le but de générer l'hypothèse la plus probable à partir d'une phrase source spécifique (même avec des phrases courtes). L'objectif final est, alors, de pouvoir sélectionner, à partir d'un très grand nombre de possibilités de traduction, l'hypothèse qui assure à la fois le bon transfert du sens (sémantique) et aussi la fluidité (syntaxe) en langue cible.

La tâche de décodage en traduction automatique statistique consiste à trouver l'hypothèse la mieux notée selon l'approche statistique $p(e|f)$ utilisée (la formule probabiliste). Pour réussir

---

[10] http://fr.wikipedia.org/wiki/Warren_Weaver

cette tâche, il faut implémenter rigoureusement un système capable d'effectuer une recherche approfondie en parcourant toutes les chaînes e^* possibles en langue source. C'est, en fait, le travail d'un décodeur qui utilise plusieurs facteurs pour limiter et optimiser l'espace de recherche et qui doit également conserver toute traduction de qualité acceptable. La méthode récemment employée est le modèle log-linéaire que j'ai déjà présenté, un Framework capable d'intégrée plusieurs composantes (modèles) et d'y appliquer la formule probabiliste (ici, log-linéaire).

L'approche du décodage la plus courante (Wang and Waibel, 1997) est une généralisation de l'algorithme de décodage par piles utilisé en reconnaissance vocale et introduit par [Jelinek, 1969]. Le décodeur utilise la fonction de densité fournie par le modèle pour générer le document cible ayant la plus grande probabilité de traduire un document source donnée. Cette tâche peut être accomplie en résolvant l'équation suivante :

$$\hat{e} = \arg\max_e p\left(e^i | f^j\right) \qquad \text{Équation 15}$$

Avec f^j est le texte source et e^i est l'ensemble des textes cibles.

1.3. L'évaluation automatique des systèmes de traduction

1.3.1. Évaluation humaine

Quand il s'agit d'évaluer les performances de traduction des systèmes automatique, on a tendance de donner plus de confiance à une évaluation humaine (évaluation subjective). Lors d'une évaluation humaine de la traduction automatique, on demande à plusieurs participants d'évaluer chaque traduction en fonction de critère précis. Les critères de qualité peuvent être multiples et inclure, par exemple, des critères de correction grammaticale et de fidélité au sens du texte. Ces critères de qualité constituent la vraie mesure de la qualité du système, mais requièrent une coûteuse intervention humaine. Par ailleurs, toute évaluation subjective souffre des problèmes de non reproductibilité et de variabilité inter-annotateur. C'est pourquoi plusieurs mesures automatiques ont été développées au fil des années. Leur objectif est d'être corrélé avec les scores que produirait une évaluation humaine, tout en étant beaucoup moins coûteuse.

1.3.2. Évaluation automatique

Les évaluations automatiques (évaluation objective) ont besoin d'une ou plusieurs traductions qui seront considérées comme des références pour la traduction d'une phrase source. Les mesures automatiques ont pour but de déterminer le degré de ressemblance entre la traduction proposée par le système et la (les) traduction(s) de référence. La qualité de la traduction de référence est donc très importante. Les mesures présentées ci-après sont parmi les plus utilisées dans la communauté de la traduction automatique. Dans ce mémoire, les performances des traductions et la qualité des systèmes seront présentées en termes de score BLEU qui est la métrique la plus utilisée dans la communauté de la traduction automatique.

1.3.2.1. Le score BLEU

Le score BLEU (Bilingual Evaluation Understudy) a été proposé par (Papineni et al. 2001). L'idée principale est la comparaison de la sortie du traducteur avec une/des traductions de référence. Les statistiques de cooccurrence basées sur les ensembles de n-grammes pour les segments de traduction et de référence, sont calculées pour chacun de ces segments et sommées sur tous les segments. Cette moyenne est multipliée par une pénalité de brièveté, destinée à pénaliser les systèmes qui essaieraient d'augmenter artificiellement leurs scores en produisant des phrases délibérément courtes. Le score BLEU varie de 0 à 1 et il est d'autant meilleur qu'il est grand. BLEU a gagné le statut de mesure automatique de référence au sein de la communauté de traduction automatique.

Soit PB (pénalité de brièveté) = $\begin{cases} 1 & si\ c > r \\ e^{(1-r/c)} & si\ c \leq r \end{cases}$

Alors BLEU = PB.exp($\sum_{n=1}^{N} w_n log p_n$)

2. Adaptation de la traduction automatique statistique

Au cours des dernières décennies, la traduction automatique statistique a préférablement été utilisée grâce à ses performances améliorables. Le succès de ce paradigme est principalement lié à la disponibilité graduelle des larges quantités de données d'apprentissage parallèles. En outre, la traduction statistique est avantageusement connue pour être « robuste », c'est-à-dire pour n'importe quelle phrase source entrée, le système est capable de générer une phrase traduite en langue cible. Cette robustesse est liée au fait que, au contraire des autres approches qui utilisent des restrictions et des règles linguistiques, la traduction automatique statistique se base sur des approches probabilistes qui emploient des équations mathématiques statistiques génératives pour trouver la traduction la plus vraisemblable, étant donnée une phrase en langue source. La traduction statistique a, particulièrement depuis l'apparition de l'approche fondée sur des séquences de mots « Phrase-based Approach », commencé une période d'innovation méthodologique qui a radicalement changé l'optique de recherche. Mais, en réalité, ces travaux de recherche ont souvent été menés d'un point de vue supérieur sur des domaines d'application « généralistes », avec des sources de données d'entraînement souvent parlementaires ou provenant des actualités en fonction de la disponibilité. Par conséquent, cela rend la tâche de traduction des documents spécifiques tels que les manuelles d'utilisation, les articles médicaux et tout autre document technique un processus incertain et peu fiable. Les systèmes construits à partir des données d'apprentissage généralistes ne sont pas appropriés pour des domaines techniques. Ainsi, les systèmes dont les modèles sont entraînés sur une multitude de sujets distincts ne sont pas optimaux pour traduire des documents dans des domaines spécifiques. On peut conclure, sur ces entrefaites, que les performances de traduction sont en relation directe avec l'homogénéité des données d'apprentissage avec le domaine d'application. Pour cela, pendant les deux dernières années, l'adaptation de domaine des systèmes de traduction automatique statistique est devenue un secteur de recherche très actif. Il s'agit généralement de la tâche qui consiste à adapter un système « hors-domaine » déjà construit à un domaine particulier. Les techniques, cependant, diffèrent tout en fonction de la quantité et de la qualité des ressources des données d'apprentissage spécifiques, du domaine d'application et de la complexité de l'architecture envisagée.

CHAPITRE III : MISE AU POINT DE L'ADAPTATION
1. Introduction

En réalité, même si on dispose d'une quantité raisonnable de données d'apprentissage dans un domaine particulier, d'autres sources de données additionnelles hors-domaine pourraient théoriquement être utiles pour améliorer les performances de traduction.

L'idée sera, alors, de combiner une grande quantité de données d'apprentissage hors-domaine, à savoir, approximativement, 1,6 millions de phrases alignées tirées du corpus multilingue Europarl (Koehn, 2005) des débats du parlement européen, avec une quantité des données d'apprentissage « du domaine » (données métier) post-éditées beaucoup moins nombreuses (dans notre cas, approximativement 10 000 paires de phrases du corpus Eolss), dans le but d'optimiser les performances de traduction sur le domaine particulier cible.

Cependant, obtenir des gains est un véritable défi, particulièrement dans le cas où le domaine cible est distant de nos données d'apprentissage hors-domaine. Cela est notre cas, puisque les deux corpus Europarl et Eolss représentent deux domaines complètement différents compte tenu de plusieurs facteurs : nature des documents, genre, thème, vocabulaire, niveau de complexité des phrases, style, etc.

Nous allons nous intéresser, donc, dans la prochaine partie, à l'adaptation de la traduction automatique statistique à un domaine cible particulier, quand la plupart des données d'apprentissage sont hors-domaine. Notons que le couple de langues choisi pour nos expérimentations est l'anglais (langue source)-français (langue cible) et que tous les résultats seront évalués en terme de maximisation des scores de la métrique BLEU sur une partie de test extraite initialement et de façon aléatoire de nos données post-éditées Eolss.

2. Description des systèmes

Pour réaliser nos expérimentations, il a été nécessaire de trouver un outil libre de traduction automatique statistique. Nous avons utilisé l'outil disponible Moses (Koehn et Al., 2007), un état de l'art de la traduction à base des séquences. Les étapes qui mènent à la construction des systèmes sont les suivantes : tout d'abord, l'outil libre GIZA++ (Och et Ney, 2003), qui implémente les modèles probabilistes IBM, est utilisé pour obtenir les alignements bidirectionnels en mot. C'est, entre parenthèses, l'étape (lors de l'apprentissage) la plus consommatrice en temps d'exécution ainsi qu'en mémoire, mais, en revanche, il existe une autre version qui permet d'accélérer le calcul sur des machines multi-cœurs (Stolcke, 2002). Les scripts Moses créeront, ensuite, le modèle de traduction, à savoir la ou les tables de traduction. D'autre part, les modèles de langage sont des pentagrammes (5-gramme) à repli, construits à l'aide de l'outil libre SRILM (Stolck, 2002) sur des données d'apprentissage en langue cible. Une fois que tous les modèles nécessaires sont créés, il est essentiel d'optimiser les paramètres du modèle log-linéaire. On utilise, alors, MERT (Minimal Error Rate Training) (Och, 2003) pour maximiser la métrique BLEU sur une partie bilingue indépendante de développement extraite du corpus spécifique. La configuration optimisée sera, finalement, utilisée par le décodeur Moses dans le but d'effectuer des traductions correspondantes à un ensemble de phrases fourni.

Dans les prochaines sections, nous allons détailler l'ensemble des expérimentations réalisées à l'aide des systèmes mis en place, décrits ci-dessus, en expliquant les aspects et approches utilisés dans le but d'adapter les systèmes de traduction automatique statistique à un domaine particulier, où l'on dispose d'une quantité croissante de données d'apprentissage post-éditées.

3. Expérimentations

3.1. Données d'apprentissage en-domaine post-éditées

3.1.1. Préparation et prétraitements du corpus Eolss

Le corpus spécifique multilingue Eolss est avantageusement construit, grâce à la post-édition[11] humaine des traductions automatiques fournies à travers des APIs des systèmes de traduction disponibles en ligne tels que « Google Traduction », « Reverso » ou « Systran » (souvent « Systran », dans notre cas), à partir de 25 articles en langue anglaise de l'encyclopédie à but non lucratif Eolss[12] dans le domaine de l'eau et de l'écologie. Nous avons choisi de réaliser nos expérimentations en utilisant la version bilingue anglais-français du corpus, une collection de 18,355 paires de segments alignés (le laboratoire LIG dispose aussi des mêmes données en anglais, français, espagnol, russe, arabe, UNL, et possiblement en japonais).

Bien que sa construction se base sur la post-édition humaine, le corpus Eolss contient des données « bruitées » qui pourraient être inappropriées à la création des systèmes de traduction automatique statistique. Cela fait de leurs prétraitements une tâche particulièrement difficile, en particulier parce que ces données contiennent des balises, parfois du code (css, javascript, etc.) et le plus souvent des commentaires laissés par les post-éditeurs (feedbacks). D'autres étapes de préparation et nettoyage sont, également, appliquées dans le but d'améliorer la qualité des données :

- ✓ **Corriger les phrases mal-encodées** : Environ 200 paires de phrases du corpus total contiennent des erreurs d'encodage (souvent les accents du côté monolingue français). Cependant, vu que la quantité mal-encodée est considérablement limitée, nous ne l'avons pas éliminé, mais corrigé manuellement (réécrire proprement tous les mots mal-encodés).
- ✓ **Enlever les balises et les bouts de code** : Effectuée grâce à des expressions régulières.
- ✓ **Enlever les commentaires additionnels** : En réalité, le contenu des commentaires des post-éditeurs contient des remarques qui portent, très souvent, des informations utiles concernant, par exemple, la qualité de la phrase en langue source. En conséquence, leur traitement manuel aide à l'amélioration de la qualité des données envisageable. Remarque : Ces commentaires sont facilement repérables. (souvent sous la forme de [commentaires]).
- ✓ **Convertir les entités HTML** : De plus, ces données contiennent des entités spéciales HTML. Pour cela, nous avons développé un script Perl, à base d'expressions régulières, capable de reconnaitre ces entités et de les convertir en leurs valeurs équivalentes. A titre d'exemple, l'entité « ç » est le code qui représente le caractère « ç », variante de la lettre « C » en minuscule.
- ✓ **Normaliser la ponctuation** : La ponctuation comporte les points, les virgules, les guillemets, les apostrophes, les tirets, les crochets, et ainsi de suite. En Unicode (toutes nos données d'apprentissage sont encodées en UTF-8) il y a des milliers de ces caractères. Par exemple, il existe environ 65 différents crochets fermants, environ 11 façons d'exprimer une citation, 18 tirets distincts, et plusieurs centaines de marques

---

[11] A travers les iMAG
[12] http://www.eolss.net/

spéciales dans différentes langues. Enlever la ponctuation est, en effet, une procédure non triviale. Par exemple, les tirets pourraient être enlevés dans le cas où ils remplacent les parenthèses, pour isoler une partie de la phrase — comme cela — mais pas quand ils jouent le rôle des traits d'union dans le cas de « belle-mère » et « demi-sœur ». Par ailleurs, il est bien connu que la ponctuation peut aider lors de la phase d'alignement en mots lors de l'apprentissage d'un modèle de traduction. Nous avons, par conséquent, choisi de garder la ponctuation dans nos données d'apprentissage. Mais nous avons, en revanche, procédé à sa normalisation pour que, par exemple, « cela », 'cela', `cela` et 'cela' redeviennent comme "cela", etc. Nous avons utilisé, ici, le script Perl normalize-punctuation.perl[13] qui est fourni avec la suite d'outils associée au projet Moses.

- ✓ **Tokenisation des mots** : Il s'agit, dans cette étape, de segmenter en mots les données d'apprentissage. Cette étape est incontournable pour qu'un système d'alignement en mots ne prenne pas, par exemple, la séquence « l'eau » comme un seul mot mais « l' » et « eau ». Nous avons utilisé, ici, le script tokenizer.perl[14] qui est fourni avec la suite d'outils associée au projet Moses.
- ✓ **Ôter la casse** : (mettre toutes les données en minuscule). En effet, de même que l'étape de la normalisation de ponctuation et celle de la tokenisation, mettre cette étape permet de réduire la perplexité des modèles résultants, et aussi d'augmenter leur exactitude. Par exemple, on ne veut pas que notre modèle de langue attribue des probabilités différentes à « La » et « la ». La première forme peut se trouver au début d'une phrase, tandis que la deuxième peur se trouver au milieu d'une phrase. La manière la plus propre est de passer par l'intermédiaire d'un script Perl (dans notre cas, lowercase.perl[15]) où l'on spécifie correctement l'encodage de nos données d'apprentissage (UTF-8 dans notre cas). <u>Remarque :</u> Cette étape ne doit pas précéder l'étape de la tokenisation, vu que cette dernière se base sur la casse pour identifier les abréviations (désambigüisation entre les points de fin des lignes et les points qui marquent les acronymes et les sigles).

Notre corpus Eolss est désormais prétraité et nettoyé. L'étape suivante sera de préparer les sous-corpus d'apprentissage, de développement (dev) et d'évaluation (test) :

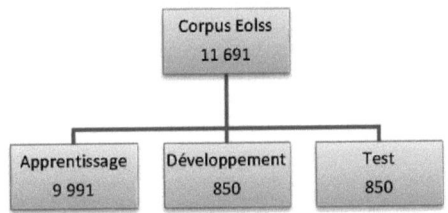

Figure 2 L'ensemble des sous-corpus Eolss

---

[13] http://www.statmt.org/wmt11/normalize-punctuation.perl
[14] http://www.statmt.org/wmt08/scripts.tgz (scripts/tokenizer.perl)
[15] http://www.statmt.org/wmt08/scripts.tgz (scripts/lowercase.perl)

Le corpus Eolss contient, souvent, des phrases sources dupliquées avec des traductions distinctes. C'est, généralement, le cas où la même phrase a été traduite par de multiples systèmes de traduction, qui donne lieu à des multiples hypothèses de traduction. Par conséquent, pour une évaluation propre et pour ne pas biaiser les résultats de traduction, la partie test de l'évaluation a été extraite de manière à ne pas sélectionner les phrases dupliquées. D'autre part, cette partie a été aléatoirement extraite, cela permet d'avoir un ensemble de phrases hétérogènes. Les sous-corpus de test, de développement et d'apprentissage contiennent respectivement 850, 850 et 9 991 paires de phrases (voir figure1).

3.1.2. Création d'un système de base spécialisé

Un premier système de base sera uniquement créé à partir des données en-domaine post-éditées Eolss. Notons que ces données sont en beaucoup plus faible quantité que celles hors-domaine, à savoir, environ 164 fois plus petites en termes de nombre de phrases alignées.

La partie monolingue cible de ce corpus est constituée d'environ 240 000 mots dont 16 025 unigrammes distincts (en prenant en considération la ponctuation, les chiffres, les symboles et les marques de début et de fin des phrases). Pour la création de notre modèle de langage ainsi que de modèle de traduction spécifique, nous avons utilisé le sous-corpus d'apprentissage, une collection de 10 000 phrases alignées (voir figure 1).

	Anglais	Français
Phrases	9 991	
Mots	198 083	240 094
Vocabulaire	13 560	16 025

Tableau 1 Statistiques sur le corpus en-domaine Eolss

	ML spécifique
Trigrammes	22 915
Quadrigrammes	14 977
Pentagrammes	11 005

Tableau 2 Nombre des n-grammes (2, 3 et 4) acquis durant l'apprentissage du modèle de langage en-domaine

3.1.2.1. Adaptation de la procédure d'alignement pour générer une table de traduction en-domaine améliorée

Il est bien connu que plus le corpus à aligner est important (en taille), meilleur est l'alignement. Par conséquent, puisque notre corpus d'apprentissage « en domaine » est petit, nous avons tout simplement concaténé les données parallèles Eolss et Europarl (grand corpus hors-domaine) tout en mettant des marques permettant de les distinguer. On place, alors, les données d'apprentissage en-domaine Eolss en entête de l'ensemble (le corpus parallèle concaténés fait au total 1 650 417 paires de phrases dont les 9 991 premières paires de phrases sont les données en-domaine Eolss). On dispose désormais d'un grand corpus parallèle. Ensuite on lance le processus d'alignement en mots. La sortie est un fichier unique qui contient tous les alignements améliorés dont chaque triplet de lignes représente une biphrase alignée en mots. Alors pour récupérer les alignements Eolss il suffit de créer un nouveau fichier contenant les 29 973 premières lignes (9 991 x 3). Enfin on paramètre le script principal « Moses » de l'apprentissage pour qu'il puisse commencer l'entraînement de la table de traduction à partir de l'étape où l'on dispose déjà d'un fichier d'alignement.

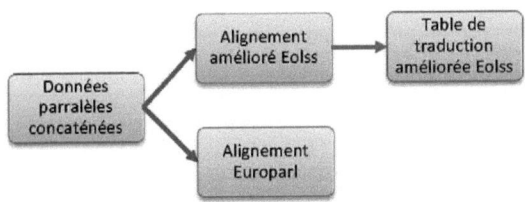

Figure 3 Améliorer la qualité d'alignement en mots

Cette méthode est, sans conteste, très intéressante et avantageuse puisque elle rapporte le plus à la qualité des systèmes envisageables.

3.1.2.2. La construction du modèle de langage en-domaine

Nous avons respectivement construits trois modèles de langage avec un ordre allant de 2 à 4 (3-gramme, 4-gramme et 5-gramme). Finalement, pour avoir une idée sur la qualité de traduction de notre système de base spécialisée en fonction des différents modèles de langages créés, nous avons calculé les scores BLEU avec les trois configurations sur la partie de test (voir figure1). Du côté modèle de traduction, nous allons utiliser la table de traduction spécialisée améliorée (voir figure 2).

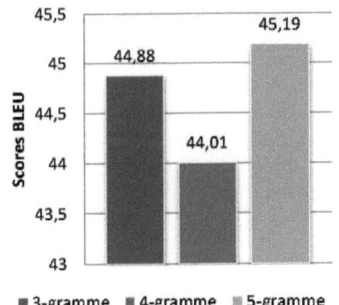

Figure 4 Les scores BLEU calculée avec les trois modèles de langage spécialisés d'ordre 2, 3 et 4 sur la partie de test

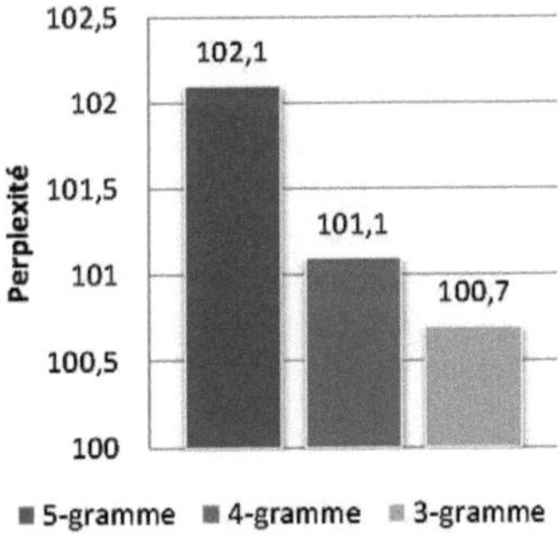

Figure 5 La perplexité calculée avec les trois modèles de langage spécialisés d'ordre 2, 3 et 4 sur la partie de test

On peut constater que le système qui utilise le modèle de langage d'ordre le plus élevé, ici 5-gramme, s'est montré plus performant en se basant sur l'évaluation automatique BLEU. Le modèle de langage final spécialisé est, alors, calculé à partir de données d'apprentissage monolingue cible Eolss avec un modèle n-gramme d'ordre 4.

Cette configuration a obtenu un score BLEU de 45,19%

3.2. Données d'apprentissage hors-domaine
3.2.1. Préparation et prétraitements du corpus Europarl

Le corpus Europarl[16] est un corpus plurilingue parallèle extrait des débats du parlement européen qui a récemment beaucoup été utilisé pour la traduction automatique statistique. Il comporte des versions en 11 langues européennes : Romanes (Français, Italien, Portugais et Espagnole), Germaniques (Anglais, Allemand, Néerlandais, Danois et Suédois), Finnois et Grec. Nous avons, dans nos expérimentations, choisi la version 6 *anglais-français* qui présente une collection de 1 825 077 phrases alignées.

Des étapes de prétraitement ont été nécessaires pour produire une version propre et adaptée à la traduction automatique statistique de notre corpus Europarl :

- ✓ **Enlever les phrases mal-encodées** : Environ 0,08% des phrases alignées du corpus total contiennent des caractères mal-encodés 'noisy characters'. Cependant, un script a été créé pour s'en débarrasser. Ce programme de nettoyage doit traiter à la fois les phrases sources et cibles. Le corpus comporte, maintenant, 1 823 533 phrases alignées.
- ✓ **Convertir les entités HTML et Enlever les balises** : Comme tous les autres corpus construits à partir du Web (pas forcément, mais c'est notre cas), le corpus Europarl contient des entités spéciales HTML et aussi quelques balises.
- ✓ **Normaliser la ponctuation.**
- ✓ **Tokenizer en mots.**
- ✓ **Ôter la casse** : Mettre en minuscule toutes les données d'apprentissage.
- ✓ **Filtrer les phrases** : Cela assure que les phrases longues (plus de 40 mots dans notre configuration) et/ou avec une valeur de ratio source/cible élevée (plus de 9 dans notre configuration) seront éliminées avant la phase de l'apprentissage. Après ce filtrage, on perd environ 65,464 phrases alignées. On a choisi cette option à cause de GIZA++ qui met beaucoup de temps à aligner les phrases longues. Cela ne pose pas vraiment de problème avec les corpus de 10 000 phrases tel que Eolss, mais pourrait être un souci quand il s'agit de corpus de millions de phrases (ce qui est le cas avec les données Europarl). Pour filtrer nos données d'apprentissage, nous avons modifié et utilisé le script Perl clean-corpus-n.perl[17]. Ce script permet également de supprimer les lignes vides et les espaces redondants. Le corpus Europarl comporte, désormais, 1 640 000 phrases alignées.

A ce stade, nos données d'apprentissage Europarl sont prétraitées et prêtes à être fournies à notre système de traduction Moses pour construire à la fois le modèle de traduction et le modèle de langage hors-domaine.

3.2.2. Création d'un système de base hors-domaine

Maintenant, nous créons un deuxième système de base (baseline system) construit uniquement à partir de la totalité des données prétraitées hors-domaine Europarl. Les figures ci-dessous nous montrent quelques détails et chiffres concernant ce corpus du parlement européen.

---

[16] http://www.statmt.org/europarl
[17] http://www.statmt.org/jhuws/?n=Resources.Tools

	Anglais	Français
Phrases	1 640 426	
Mots	39 645 334	43 429 127
Vocabulaire	100 279	122 333

Tableau 3 Statistiques sur le corpus hors-domaine Europarl

	ML spécifique
Trigrammes	2 547 321
Quadrigrammes	3 022 983
Pentagramme	2 773 321

Tableau 4 Nombre des n-grammes (2, 3 et 4) acquis durant l'apprentissage du modèle de langage en-domaine

La partie monolingue cible de nos données parallèles (français) est constituée de 43 429 127 mots pour un vocabulaire de 122 333 mots uniques (unigramme) tout en sachant que les ponctuations, les chiffres, les symboles et les marques de début et de fin des phrases font partis de ce vocabulaire. Ce dernier chiffre est appelé la taille du vocabulaire.

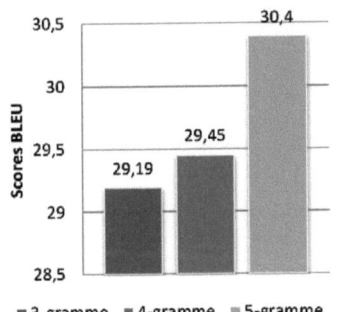

Figure 6 Les scores BLEU calculée avec les trois modèles de langage hors-domaine d'ordre 2, 3 et 4 sur la partie de développement

Figure 7 La perplexité calculée avec les trois modèles de langage hors-domaine d'ordre 2, 3 et 4 sur la partie de développement

Le modèle de langage hors-domaine est alors calculé à partir de données d'apprentissage monolingue cible d'Europarl avec un N-gramme d'ordre 4 (5-gramme). Ce modèle à base de 5-gramme semble le plus efficace.

Le modèle de traduction hors-domaine, de son côté, sera entraîné sur toutes les données d'apprentissage alignées Europarl.

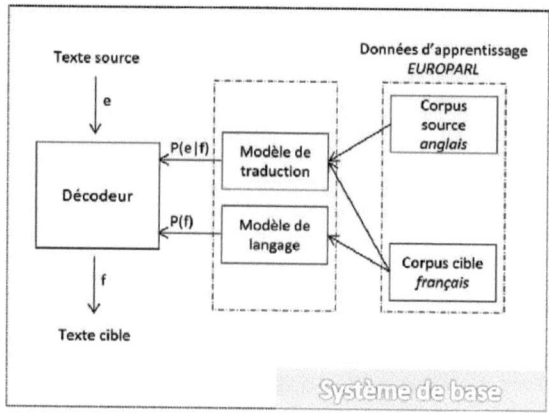

Figure 8 Système de base hors-domaine

Remarque : Dans le but d'avoir une idée sur la qualité de traduction de notre premier système de base hors-domaine, nous avons calculé le score BLEU sur la partie de test extraite de notre corpus spécifique Eolss.

Remarque : Dans le reste de nos expérimentations, nous allons utiliser uniquement des modèles de langage d'ordre 4 (5-gramme).

Cette configuration a obtenu un score BLEU seulement de 30,40%.

3.3. Expérimentations d'adaptation «statique» avec les données Eolss

Il s'agit de concaténer tout simplement les données d'apprentissage pour créer à la fois le modèle de langage ainsi que le modèle de traduction. C'est une adaptation qui intervient au niveau des données d'apprentissage.

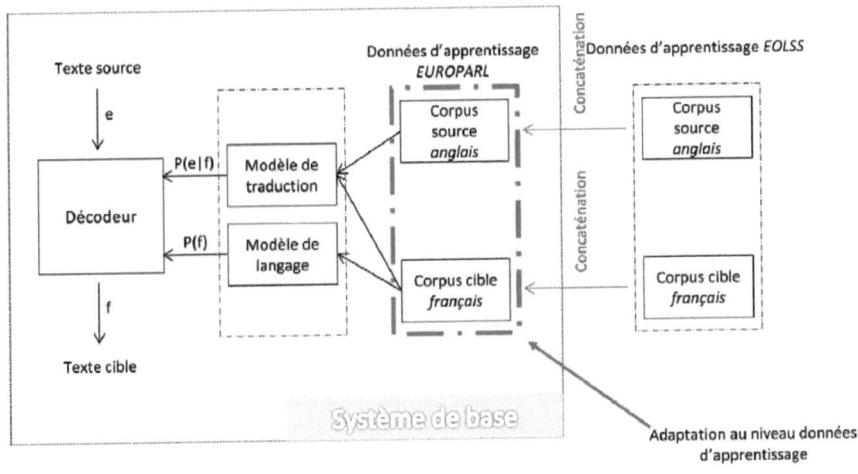

Figure 9 Adaptation "statique"

3.3.1. Concaténation des données d'apprentissage

Pour une utilisation complète de toutes les données d'apprentissage, la manière directe, naturelle et la plus basique serait de concaténer tout simplement les deux corpus et d'utiliser les données combinées pour construire à la fois le modèle de traduction et le modèle de langage.

	Anglais	Français
Phrases	9 991	
Mots	198 083	240 094
Vocabulaire	13 560	16 025

Tableau 5 Statistiques sur les données en-domaine et hors-domaine concaténées

	ML spécifique
Trigrammes	22 915
Quadrigrammes	14 977
Pentagramme	11 005

Tableau 6 Nombre des n-grammes (3, 4 et 5) acquis durant l'apprentissage du modèle de langage sur les données concaténées

Le succès de cette méthode dépend de l'homogénéité relative ou aussi de la complémentarité des deux domaines (étant le spécifique et le générique) et de la taille proportionnelle des deux sources de données représentatives. Dans notre cas, cependant, les données d'apprentissage hors-domaine dominent largement les données spécifiques, en termes de nombre de phrases alignées (à peu près 164 fois plus grandes). En conséquence, nous n'attendons pas les meilleurs résultats de l'utilisation de cette méthode très basique (simple concaténation) puisque elle ne permet pas d'équilibrer proprement les contributions des poids pour chaque source de données.

Modèle de langage	Perplexité	Mots inconnus — OOVs	Dictionnaire
Eolss (5-gramme)	108 411	409 (4,41%)	16 025
Europarl (5-gramme)	399 542	440 (4,74%)	122 333
Eolss+Europarl (5-gramme)	256 836	208 (2,24%)	126 646

Tableau 7 Statistiques sur les modèles de langages (spécifique, hors-domaine et concaténés)

Afin d'avoir une idée sur la qualité du modèle de langage (n-gramme=5) construit à partir des données concaténées, nous avons calculé la perplexité sur la partie test : 256.

Cette configuration a obtenu un score BLEU de 38,26%.

La solution qui nous vient à l'esprit en premier est de donner plus d'importance aux données du domaine spécifique par rapport au corpus total, en augmentant la quantité de données d'apprentissage qui en proviennent. La procédure est simple : on multiplie le nombre de phrases des données d'apprentissage du domaine N fois afin d'avoir un corpus statistiquement comparable avec les données hors-domaine. Puis on construit le modèle de langage ainsi que le modèle de traduction sur la totalité des données concaténées. Dans nos expérimentations N varie entre x10, x100 et x1000.

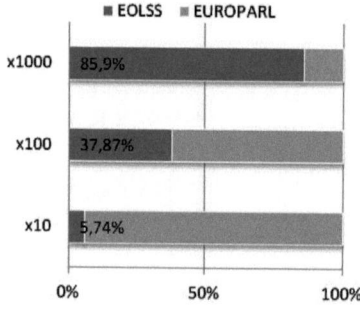

		Mots	
	Phrases	anglais	Français
x10	1 650 417	39 843 417	43 669 221
x100	2 639 526	59 453 634	67 438 527
x1000	11 631 426	237 728 334	283 523 127

Figure 10 Tailles relatives des données en fonction de l'importance attribuée au corpus spécialisé

Tableau 8 Statistiques sur les données concaténées en fonction de l'importance attribuée au corpus spécialisé

Corpus	BLEU
Eolss x10	40,25%
Eolss x100	43,65%
Eolss x1000	46,03%

Tableau 9 scores BLEU calculés en fonction de l'importance attribuée au corpus spécialisé

Cette configuration a obtenu un score BLEU de 46,03%

Cette méthode a permis d'empêcher les données hors-domaine de « noyer » celles en-domaine et cela a, par conséquent, amélioré les scores BLEU. Mais, en contrepartie, nous avons constaté deux principaux inconvénients. Tout d'abord, cette approche ne permet pas d'attribuer les poids d'une manière strictement exacte. Cette imprécision vient, en se basant sur l'équation $I = (NxCed)/Chd$ (où I est l'importance attribué au données en-domaine, Ced est le corpus en-domaine et Chd est le corpus hors-domaine), du fait que la variable N est un entier. Deuxièmement, la quantité des données d'apprentissage augmente en fonction de l'importance attribuée au corpus en-domaine ce qui augmente également le temps d'entraînement des modèles (cela pourrait être considéré comme une contrainte dans le cas où les corpus en-domaine et hors-domaine sont de tailles importantes).

3.4. Expérimentations d'adaptation «dynamique» avec les données Eolss

Parce que nos données spécifiques doivent être séparées des données hors-domaine, nous devons construire plusieurs modèles distincts associés à chaque source de données d'une manière à utiliser avantageusement les données hors-domaine. Nous avons, alors, construit des modèles séparés et qui sont ensuite combinés (combinaison dynamique).

Cette adaptation intervient aux niveaux modèles statistiques.

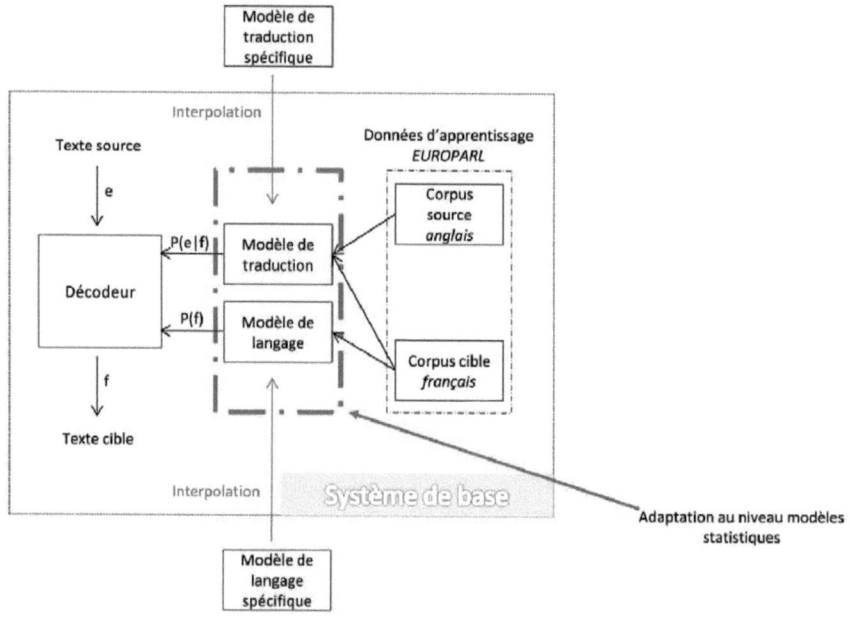

Figure 11 Adaptation "dynamique"

Une première alternative consiste, si on considère 2 modèles log-linéaires (modèle spécifique et modèle hors-domaine) notés :

$$p(x|h) = \prod_c p_c(x|h)^{\alpha_c} \qquad \text{Équation 16}$$

A réunir les deux modèles de la façon suivante :

$$p(x|h) = p_1(x|h)^{\alpha_1} p_2(x|h)^{\alpha_2} \qquad \text{Équation 17}$$

Il s'agit d'intégrer toutes les fonctions caractéristiques dans un modèle log-linéaire.

Une deuxième alternative consiste, si on considère 2 modèles linéaires (modèle spécifique et modèle hors-domaine) notés :

$$p(x|h) = \sum_c \lambda_c p_c(x|h) \qquad \text{Équation 18}$$

A réunir les deux modèles de la façon suivante :

$$p(x|h) = \lambda P_1(x|h) + (1-\lambda)P_2(x|h) \qquad \text{Équation 19}$$

Ici, λ est un poids ajustable pouvant aller de 0 à 1 qu'on peut donner au modèle spécifique. L'interpolation linéaire est la méthode la plus simple d'interpolation.

3.4.1. Seulement un modèle de langage spécifique

Nous rappelons ici que notre but essentiel est de forcer le système de traduction à se diriger vers le domaine particulier cible, donc, améliorer les performances de traduction dans le contexte particulier de traduction.

Un modèle de langage permet, théoriquement, de mesurer les chances (la probabilité) qu'une séquence de mots soit prononcée par un locuteur de la langue cible, à savoir linguistiquement et sémantiquement correcte (il s'agit, ici, de la fluidité de la séquence dans la langue cible). Cela assure, donc, une sortie de traduction plus ou moins. Mais, d'autre part, un tel modèle permet, en effet, d'aider avantageusement les systèmes de traduction automatique statistique à la prise des importantes décisions telles que le choix des traductions (mots). Par exemple, si un mot de la langue source possède plusieurs traductions possibles, les probabilités de traduction lexicales (le modèle de traduction) iraient, à coup sûr, donner la préférence à celle la plus commune, c'est-à-dire la traduction qui a été la plus fréquente dans les données d'apprentissage. Alors, qu'en réalité, dans d'autres contextes spécifiques, d'autres traductions pourraient être préférées et plus appropriées. C'est donc, à ce stade-là que le modèle de langage spécifique intervient et donne des scores (probabilités) plus élevées aux traductions qui semblent les plus naturelles et convenables dans le contexte de traduction. On peut conclure, alors, qu'un contexte donné, plus précisément un ensemble de données en-domaine, pourrait être exprimé et sauvegardé sous la forme d'un modèle de langue de type n-gramme pour que ce dernier nous aide, par la suite, à distinguer les hypothèses les plus proches du contexte (techniquement les plus attendus).

Dans l'expérience courante, nous allons utiliser un modèle de langage construit uniquement à partir des données d'apprentissage en-domaine Eolss, ce qui permettra de ne donner des poids qu'au vocabulaire du domaine cible (lexique). En même temps, au niveau du modèle de traduction, le système bénéficiera de toutes les connaissances de traduction, c'est-à-dire plus de séquences traduites, à l'avantage du modèle de traduction, acquises durant l'apprentissage de la table de traduction sur les données concaténées (Eolss+Europarl).

Cette configuration a obtenu un score BLEU de 47,02%

Cette méthode est avantageuse quand on sait d'avance le domaine cible et que l'on dispose suffisamment de données d'apprentissage. Mais, en contrepartie, un modèle de langage appris sur une quantité insuffisante de données est souvent incapable de produire des traductions linguistiquement performantes, on parle ici de la fluidité. Ainsi, on a besoin d'intégrer d'autres sources de données hors-domaine plus larges, à savoir plus de connaissances linguistiques (techniquement, plus de n-grammes). En même temps, il ne faut pas que ces données d'apprentissage hors-domaine dominent celles du domaine cible ce qui diminue leurs poids.

Dans les prochaines expérimentations, nous allons essayer de combiner, au niveau des modèles de langage, les deux sources de connaissance en-domaine (Eolss) et hors-domaine (Europarl) afin de garantir des traductions à la fois fluides mais aussi adaptées au domaine particulier.

3.4.2. Deux modèles de langage

3.4.2.1. Interpolation log-linéaire

Le modèle log-linéaire (log-linear model) de la traduction automatique statistique permet de combiner d'une manière simple et directe plusieurs modèles de langage. On les introduit séparément dans le système, et le programme MERT (Minimum Error Rate Training) (Och and Ney, 2003) se chargera de la distribution des poids afin d'optimiser les performances de traduction.

Cette configuration a obtenu un score BLEU de 46,33%

3.4.2.2. Interpolation linéaire

Cette approche permet d'utiliser toutes les données spécifiques et hors-domaines pour entraîner notre système, et donner la préférence aux données spécifiques au niveau du modèle de langage.

En premier lieu, on entraîne séparément deux modèles de langage, un sur les données du domaine spécifique et un autre plus large sur les données hors-domaine. Ensuite on les interpole linéairement (grâce à l'outil SRILM) en donnant des différents poids (lambda) au modèle de langage hors-domaine.

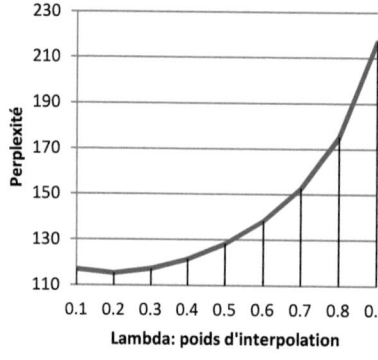

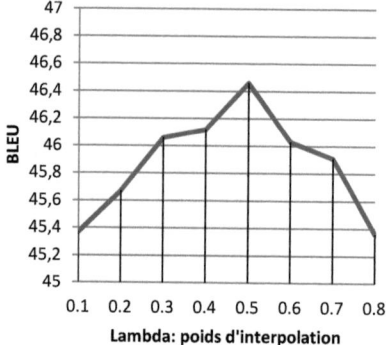

Figure 12 La perplexité calculée avec le modèle final sur la partie test en fonction de la valeur de lambda attribué au modèle de langage hors-domaine

Figure 13 Les scores BLEU calculés avec le modèle final sur la partie test en fonction de la valeur de lambda attribué au modèle de langage hors-domaine

<u>Remarque:</u> Le modèle de langage avec la perplexité minimale, ici 115,3 obtenu avec un lambda de 0.2, ne donne pas nécessairement les meilleurs résultats de traduction. Dans cette expérimentation, en se basant sur l'évaluation de traduction BLEU, le poids optimal choisi en termes de qualité de traduction est de 0,5.

<u>Remarque:</u> Nous allons, dans le reste des expérimentations, utiliser le modèle de langage interpolé avec un lambda de 0,5.

Cette configuration a obtenu un score BLEU de 46,46%.

3.4.3. Deux modèles de traduction

Jusqu'ici, nos expérimentations ont porté sur l'utilisation de toutes les données combinées ainsi que sur l'adaptation de haut-niveau des modèles de langage au domaine cible. Mais nous pourrions, également, adapter notre système au niveau des modèles de traduction. En conséquence, dans la suite pendant cette expérimentation, nous allons expliquer comment l'outil de traduction statistique Moses est capable de gérer plusieurs tables de traduction à la fois. Dans Moses, chaque modèle de traduction est fourni sous la forme d'une table de traduction séparée (pondération) qui est l'ensemble de paires de phrases $S = \{(\tilde{f}, \tilde{e})\}$ et des poids associés $h(\tilde{f}, \tilde{e}; S)$. Moses commence, dans la première phase de décodage (production de l'hypothèse), par la génération des options de traductions de toutes phrases en entrée possibles $\tilde{f}$ à partir de la table de traduction S. Cela permet tout simplement d'avoir toutes les paires de phrases alternatives $(\tilde{f}, \tilde{e})$ (avec élagage optionnel pour limiter le nombre de paires de phrases) pour une $\tilde{f}$ spécifique. Dans la deuxième phase, il crée des hypothèses de traduction de la phrase entière fournie en entrée en combinant de toutes les manières possibles les options de traduction préchargées. Dans cette phase, toutes les hypothèses sont évaluées en se basant sur les scores de la combinaison de toutes les options de traductions préchargées, réordonnées et possiblement élaguées. D'autre part, quand on veut intégrer d'autres modèles de traduction S_j, l'outil Moses pourrait se comporter de deux façons différentes pendant le préchargement des options de traduction. Cette fois-ci, pour une $\tilde{f}$ donnée, Moses cherche dans toutes les tables de traduction S_j et conserve une paire de phrases $(\tilde{f}, \tilde{e})$ si elle fait partie de leur i) intersection ou leur ii) union. La première méthode (ancienne) consiste à créer un nouveau modèle de traduction S_I à partir de l'intersection des ensembles préchargés (*both*) :

i) $\quad S_I = \{(\tilde{f}, \tilde{e}) | \forall j (\tilde{f}, \tilde{e}) \in S_j\}$

La seconde méthode consiste à créer un nouveau modèle de traduction S_U à partir de l'union des ensembles préchargés (*either*) :

ii) $\quad S_U = \{(\tilde{f}, \tilde{e}) | \exists j (\tilde{f}, \tilde{e}) \in S_j\}$

Ici, nous profiterons de la fonctionnalité avancée de l'outil Moses « Multiple Translation Tables », appelée également « Multiple Decoding Path », développé par Birch et al. (2007) où l'on peut spécifier de quelle manière on veut que les deux modèles de traduction soient combinés. Dans ce travail, nous utilisons deux chemins de décodage (« decoding path ») dont chacun représente une étape de décodage distincte. La première étape possèdera en tant que source de données la table de traduction spécifique tant dis que la deuxième se basera sur la table de traduction hors-domaine. Nous rappelons, ici, que les poids respectifs seront attribués avec le modèle log-linéaire grâce à MERT sur le sous-corpus de développement (voir figure 1) extrait de nos données initiales Eolss, de manière à profiter pleinement de cette approche et d'améliorer notre score BLEU.

i) La méthode SI a obtenu un score BLEU de 40,37%.

ii) La méthode SU a obtenu un score BLEU de 48,98%.

3.5. L'architecture mise en œuvre

D'après nos précédentes expérimentations, les meilleures performances ont été obtenues à travers l'adaptation de haut-niveau, c'est-à-dire à travers l'interpolation des modèles de traduction et de langage. Nous rappelons, également, l'étape de l'amélioration de la table de traduction spécifique qui s'est basée sur l'optimisation du processus d'alignements en mots sur les données concaténées (grâce à GIZA++) et qui a suffisamment amélioré les résultats de traduction pour que elle soit intégrée dans notre architecture finale.

Le graphe ci-dessous représente l'architecture finale mise en œuvre qui a, jusqu'à présent, mieux optimisé les performances de traduction.

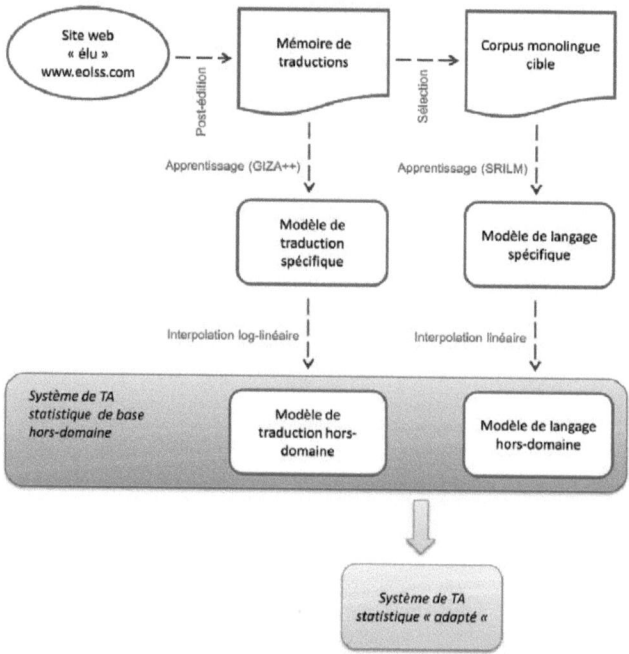

Figure 14 L'architecture actuelle de l'adaptation de notre système de traduction automatique statistique

3.6. Évaluation comparative de l'amélioration itérative du système appris sur une quantité de données post-éditées :

Afin d'évaluer l'amélioration des performances de notre système de traduction automatique statistique sur des quantités croissantes d'apprentissage « en-domaine », nous avons entraîné notre système sur une quantité croissante de phrases alignées en-domaine (ajout de 1 000 phrases à chaque fois) en calculant les performances de traduction automatique à chaque itération. Nous avons réalisé cette expérience avec des modèles de langage d'ordre 4. D'autre part, pour avoir une idée sur les performances relatives de nos méthodes d'adaptation, nous avons réalisé une évaluation comparative du système de traduction commercial « Google Translate ».

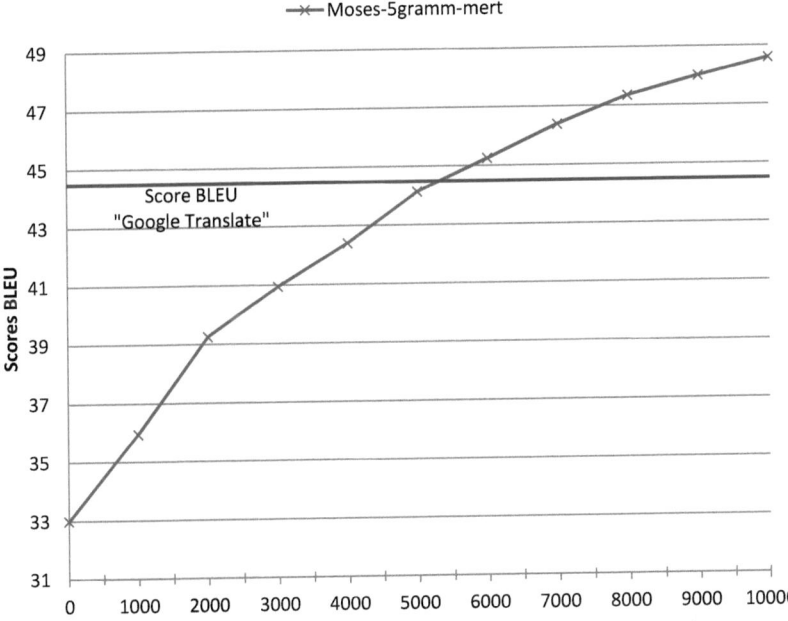

Figure 15 Evaluation de la traduction automatique en fonction de la quantité des données post-éditées

Les courbes ci-dessus montrent qu'à partir d'un corpus d'environ 6000 phrases alignées spécifiques au domaine, on pourra dépasser légèrement les scores d'un système de traduction automatique généraliste en ligne tel que, dans notre cas, « Google traduction ». On pourra également déduire que les performances évoluent en fonction de la quantité des données post-éditées en-domaine.

CHAPITRE IV : VERS L'INTÉGRATION D'UN SYSTÉME POUR LA RECHERCHE D'INFORMATION
1. Introduction

Bien que, comme nous l'avons montré dans les expérimentations précédentes, les moteurs de traduction automatique statistique spécialisés paraissent efficaces et améliorables en fonction de la quantité des données d'apprentissage post-éditées du domaine, on peut aussi envisager d'utiliser d'autres sources de données spécifiques dans le but d'accroître les performances obtenues avec les données de post-édition uniquement. Il faut, alors, disposer de sources de données monolingues et/ou multilingues, en fonction de la nature de l'adaptation souhaitée[18], de grande taille et qui couvre une multitude de sujets. Cela permettra, à l'aide d'outils de filtrage, de recherche d'information, d'obtenir, pour un sous-langage donné, une collection de textes apparentés et de taille raisonnable en termes de quantité de données d'apprentissage. Pour créer une telle collection, il faut, tout d'abord, trouver une bonne source de données brutes (dans notre cas, du français écrit) sous la forme d'un corpus de textes disponible à but non lucratif. *Wikipédia* est une ressource qui correspond à ces pré-requis.

Wikipédia est une encyclopédie collaborative, libre et qui offre un contenu enrichi, disponible sur internet et ouvert à tout le monde. Elle est devenue en quelques années la plus grande et la plus consultée des encyclopédies, couvrant tous les sujets et domaines et est régulièrement mise à jour.

Elle représente donc une source de données très intéressante et c'est, d'ailleurs, la raison qui a poussé plusieurs recherches et études, dans les domaines de l'intelligence artificielle, de la recherche d'information et d'autres domaines liés, à l'utiliser et à profiter de son contenu dans le but de doter les ordinateurs de « connaissances encyclopédiques ».

2. L'encyclopédie *Wikipédia* comme source d'information
2.1. Choix de l'encyclopédie *Wikipédia*

Nous allons, ici, mentionner les principaux avantages et aspects[19] qui nous ont particulièrement encouragés à utiliser *Wikipédia* comme une source de données textuelles :

- ✓ L'encyclopédie *Wikipédia* se base sur la collaboration. Il s'agit en quelque sorte d'un travail collectif, universel et ouvert à toute contribution humaine. Ce nouveau mode de construction d'encyclopédie, à l'aide de la définition de plusieurs règles de conduite et d'utilisation, a aujourd'hui transformé *Wikipédia* en une source d'information gigantesque et assez fiable. La version française de *Wikipédia* comporte[20] environ 2 596 881 articles et comporte approximativement 700 millions de mots (à peu près, 16 fois plus que le corpus Europarl). Le contenu peut être considéré comme diversifié, multi-domaines et généraliste. *Wikipédia* est donc **une très importante source d'information**.
- ✓ On peut, également, noter que **la nature encyclopédique** des articles de Wikipédia doit permettre d'obtenir des données additionnelles très proches des données Eolss.

---

[18] On procède uniquement à l'adaptation monolingue dans notre cas d'étude, c'est-à-dire au niveau des modèles de langage.

[20] Mise à jour le 24/04/2011.

✓ D'autre part, *Wikipédia* est, en réalité, une ressource complètement **gratuite**. Il est, alors, facile d'obtenir le contenu intégral de cette encyclopédie, qui est régulièrement mis à jour sous forme de sauvegardes téléchargeables de la base de données dans un format permettant son exploitation (XML, *Wikipédia* « dumps »).

2.2. Format des données *Wikipédia*

Les gestionnaires de *Wikipédia* fournissent chaque mois une image XML de tous les documents de la base de données. Cette image est composée d'un unique fichier de type XML et qui contient l'encyclopédie entière. Chaque document (article) de l'image de l'encyclopédie est représenté en tant qu'un élément XML, enregistré et organisé tout comme l'exemple « Annexe 3 », un article de *Wikipédia* intitulé *Algèbre générale*.

Chaque élément XML est, alors, l'ensemble de la source « wikiText » (texte en format wiki) et d'autres métadonnées telles que les catégories, les liens connexes, les espaces de noms, etc. Ce genre de représentation sert à faciliter tout type de traitements et d'analyses. En réalité, seul le texte brut des articles en langage naturel présente un intérêt linguistique (c'est, en fait, notre unique intérêt pour l'adaptation de la traduction automatique statistique). Dans les faits, la majorité des pages *Wikipédia* respectent un langage de balisage issu de *MediaWiki*[21] (MediaWiki markup format).

Ainsi dans le but de réaliser d'une manière propre toute sorte d'analyses linguistiques sur les données *Wikipédia*, il est donc nécessaire d'extraire le texte brut à partir des documents en supprimant toute autre information importune telles que les images, les tables, les listes, les références et aussi toutes les marques de présentation (gras, italique, souligné, etc.).

2.3. Construction du corpus à partir du *Wikipédia*

La première étape, dans notre cas, consistait à télécharger l'image de tous les articles en français de *Wikipédia* à partir d'un site web[22] dédié. On récupère un fichier XML compressé sous la forme de « frwiki-20110424-pages-articles.xml.bz2 » dont le préfixe « frwiki » signifie qu'il s'agit que des articles en français et l'infixe « 20110424 » indique la date de la mise à jour. La taille du fichier est d'environ 1,2 GB (7,2 GB après la décompression), il contient une version compressée de tous les articles du Wikipédia français jusqu'au 24 avril 2011.

Pour rendre ces données utilisables, on va avoir besoin d'un outil capable de parcourir chaque élément XML et de convertir son contenu en texte brute. Trouver un outil qui permet d'extraire le texte des articles n'a pas été une tâche facile. MediaWiki présente les différents convertisseurs, analyseurs, extracteurs qui existent[23]. La plupart permettent de convertir un article aux formats HTML, PDF ou XML. Ils ne sont pas dédiés à l'extraction du texte brut des articles, et les adapter aurait nécessité un temps de développement important. De plus, il n'existe pas de grammaire officielle permettant d'établir si un article est bien formé[24], et la grande majorité de ces outils travaillent en plusieurs passes. Afin de gagner du temps, il serait préférable de travailler en une passe. D'autre part, les convertisseurs essayés ne permettaient pas de récupérer tout le contenu des articles puisqu'ils ignoraient les listes, les tableaux et

---

[21] Moteur de wiki initialement conçu dans le but de réaliser Wikipedia. Voir http://www.mediawiki.org
[22] Voir http://download.wikimedia.org/frwiki/
[23] Voir http ://www.mediawiki.org/wiki/Alternative_parsers
[24] Voir http ://www.mediawiki.org/wiki/Markup_spec

toute autre structure dynamique. Un convertisseur a donc été développé en Perl pour extraire un maximum de données propres, d'une manière satisfaisante et relativement simple et rapide. Le convertisseur utilise le module Perl « Parse::MediaWikiDump[25] » qui permet de parcourir l'image XML article par article. Et pour chaque document rencontré, le contenu est converti à l'aide d'une série d'expressions régulières prédéfinie. Mais, même si l'on n'arrive pas à tout filtrer d'une manière efficace, on est sûr d'obtenir un convertisseur bien meilleur que les outils existants, que nous connaissons et dont, pour certains, nous avons bien étudié le code.

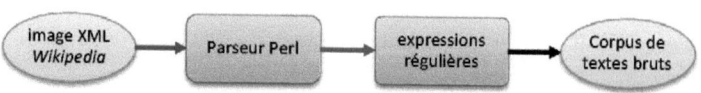

Figure 16 Processus de la conversion de *Wikipédia* en un corpus de texte brut

On dispose maintenant d'un grand corpus *Wikipédia* en texte brut.

L'extrait « Annexe 4 » montre un exemple de la conversion en texte brut de l'article présenté dans l' « Annexe 3 ».

Remarque : Le corpus est un fichier XML qui contient séparément tous les articles convertis en textes bruts.

3. Recherche de données spécifiques :

On cherche maintenant à construire un corpus qui contient uniquement les articles qui portent sur un domaine donné (par exemple, pour le domaine de l'eau : eau, eau potable, purification, rivière, eau douce, etc.). Dans ce cas-là, on n'a pas besoin d'utiliser les articles de l'encyclopédie entière étant donné que la plupart des articles ne seront pas pertinents. Pour extraire un corpus sur un sujet spécifique, on va choisir les articles qui sont reliés à ce sujet. Une des approches les plus simples à mettre en place serait d'utiliser les catégories de *Wikipédia*. Mais l'organisation des catégories imposée ne couvre pas tous les domaines et sous-langages. Il est aussi important de noter qu'environ 47% des articles n'ont pas de catégorie. Une autre approche consiste en commençant par un article « tête » (l'article le plus proche, par exemple dans le domaine de l'eau cet article sera intitulé « eau ») à suivre les liens connexes et construire au fur et au mesure le corpus spécifique. Mais, cette technique est très délicate à mettre en œuvre vu qu'on risque de changer de sujet (hors-sujet) par rebonds successifs et qu'il est impossible de trouver une bonne condition d'arrêt. Une dernière approche consiste à indexer, une seule fois, l'encyclopédie entière. Ensuite, à partir des données spécifiques dont on dispose déjà, on extrait les mots clés les plus pertinents pour qu'on puisse finalement réaliser une recherche de documents basée sur la similarité entre les mots clés de nos données spécifiques et les documents *Wikipédia* indexés. C'est, en effet, la méthode la plus performante et facile à mettre en place grâce à l'emploi des outils libres de

---

[25] Voir http://search.cpan.org/~triddle/Parse-MediaWikiDump-1.0.6/lib/Parse/MediaWikiDump.pm

recherche d'information. On peut également mentionner qu'une fois cette technique est mise en place, l'intégration de nouvelles sources de données devient possible (par exemple le « web »).

Nous allons, par conséquent, expérimenter cette technique.

Remarque : En ce qui concerne l'extraction des mots clés sur le corpus spécifique (EOLSS), nous avons développé un script perl qui, pour une collection de données fournie, permet d'avoir les N mots-clés les plus fréquents. Cette approche est assez efficace quand on dispose d'une collection raisonnable de données spécifiques.

4. Recherche d'information basée sur la similarité
4.1. L'outil « Lemur » pour la recherche d'information

L'outil « Lemur[26] » est un système pour la recherche d'information. Son développement a été réalisé grâce au projet « The Lemur Project », une collaboration entre le « Center for Intelligent Information Retrieval » (CIIR) à l'université du Massachusetts et le « Language Technologies Institute » (LTI) à l'université de Carnegie Mellon. Il a été développé en C++ et en C pour une utilisation sous UNIX et Windows NT. Il permet à la fois, d'indexer les données et de faire de la recherche d'information.

4.2. Sélection des documents similaires avec TF-IDF

Pour notre expérimentation, nous avons configuré l'outil « lemur » d'une manière à utiliser et mettre en place la mesure de similarité TF-IDF (de l'anglais *Term Frequency-Inverse Document Frequency*). Cet algorithme a été très utilisé dans le domaine de la recherche d'information grâce à sa pertinence et son efficacité pour extraire les informations.

- **Fréquence du terme :** Le nombre d'occurrences d'un terme dans un document donné, étant normalisé par la somme des nombres d'occurrences de tous les termes du document, s'appelle la fréquence d'un terme (term frequency). « L'importance » d'un terme dans un document peut être justifiée par son nombre d'occurrences. La normalisation du nombre d'occurrences d'un terme rend valable la comparaison de deux documents de longueurs distinctes.

  Soit le document d_j et le terme t_i, alors la fréquence du terme dans le document est :

  $$tf_{i,j} = \frac{n_{i,j}}{\sum_k n_{k,j}}$$

  où $n_{i,j}$ est le nombre d'occurrences du terme t_i dans d_j. Le dénominateur est le nombre d'occurrences de tous les termes dans le document d_j.

- **Fréquence inverse de document :** La fréquence inverse de document (inverse document frequency) est une mesure de l'importance du terme dans l'ensemble du corpus. Dans le schéma TF-IDF, son rôle est d'attribuer un poids plus perceptible aux termes les moins fréquents, considérés comme plus discriminants. Elle consiste à calculer le logarithme de l'inverse du pourcentage de documents du corpus qui contiennent le terme.

---

[26] http://www.lemurproject.org/

$$idf_i = \log\frac{|D|}{|\{d_j : t_i \in d_j\}|}$$

Où :

$|D|$: nombre total de documents dans le corpus.

$|\{d_j : t_i \in d_j\}|$: nombre de documents où le terme t_i apparaît (c'est-à-dire $n_{i,j} \neq 0$).

5. Adaptation du modèle de langage

Le graphe ci-dessous montre la manière dont le corpus spécialisé est enrichi (l'architecture de l'adaptation du modèle de langage) :

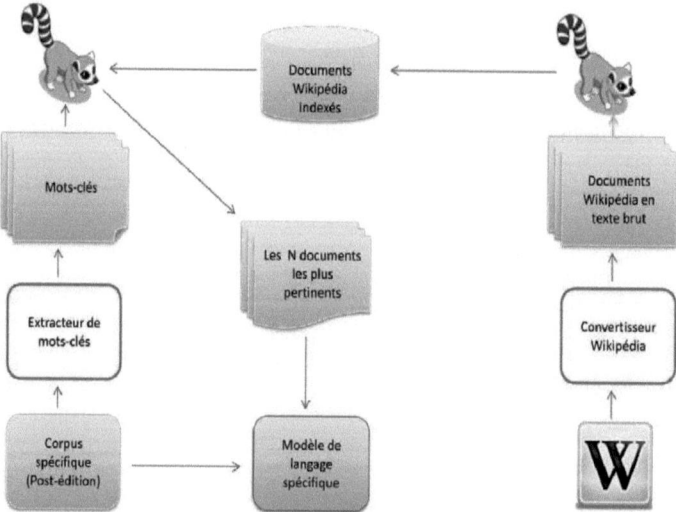

Figure 17 Processus de l'adaptation du modèle de langage

6. Expérimentations et résultats

En fonction de la variation de N mots-clés (10, 100 et 1 000 dans notre configuration) ainsi que la variation de M documents pertinents à extraire (1 000, 10 000, 100 000 dans notre configuration), nous présentons un tableau qui montre les performances de traduction calculée en terme des scores BLEU :

Remarque : Les documents extraits de *Wikipédia* (leur contenu en texte brut) seront simplement concaténés (pas d'interpolation) avec nos données spécifiques pour pouvoir créer un modèle de langage spécifique plus grand.

Documents/mots clés	10	100	1 000
1 000	45,60%	**49,12%**	40,48%
10 000	42,41%	40,01%	35,50%
100 000	35,20%	32,57%	28,48%

7. Conclusion

Nous avons, dans cette partie, présenté le système de recherche d'information mis en œuvre dans le but d'améliorer la qualité de traduction de notre système de traduction automatique statistique spécialisé. Cependant, l'amélioration des résultats de traduction en terme des scores BLEU dans le cas de notre domaine spécifique EOLSS était très modeste (+0,14 %). Cette amélioration n'est pas significative et cela pourrais être relié au fait que l'indexation de l'encyclopédie *Wikipédia* était au niveau « documents ». C'est-à-dire qu'en lançant une requête on aura la liste des documents les plus pertinents. Mais, en réalité, un document peut contenir du texte additionnel non spécifique. Ce qui rend le corpus total concaténé un peu moins spécialisé. Une solution sera, alors, d'indexer séparément toutes les phrases de l'encyclopédie. On peut noter également que notre script pour l'extraction des mots-clés se base sur une simple technique (les mots les plus fréquents). Il faudrait, alors, s'appuyer sur d'autres algorithmes plus avancés dans le but d'avoir les mots-clés les plus précis.

CONCLUSION GÉNÉRALE ET PERSPECTIVES

Dans ce mémoire, nous nous sommes concentré sur l'adaptation d'un moteur de traduction automatique statistique, mise en œuvre grâce à l'outil libre « Moses » fondé sur les séquences de mots, à des domaines spécifiques dits également domaines « métiers ». Nous avons comparé nos résultats de traduction avec ceux d'un moteur de traduction de « référence » (« Google Translate ») à travers les évaluations automatiques en utilisant la mesure BLEU. Cette comparaison nous a permis de montrer que le système de traduction automatique de « référence » **généraliste** choisi produit des résultats **moins bons** que des systèmes **spécialisés** basés sur les données d'apprentissage métier (pas forcément disponibles en grande quantité).

À cette fin, nous avons proposé plusieurs approches et techniques dans le but d'adapter un système de traduction automatique statistique généraliste à des domaines particuliers, afin d'améliorer les performances de traduction sur ces domaines. À travers les expérimentations que nous avons réalisées, nous avons exploré des méthodes de complexité croissante allant de la simple concaténation des ressources spécifiques et hors-domaine à la pondération de différents modèles statistiques, et en intégrant finalement des modules pour la recherche d'information. Néanmoins, nous n'avons pas eu suffisamment de temps pour étudier et mettre en place d'autres types d'adaptation décrits dans d'autres projets scientifiques qui portaient sur le même sujet d'étude. Pour réussir à mieux optimiser nos architectures d'adaptation et mettre au point tous nos paramètres de façon à améliorer les performances de traduction indépendamment des domaines particuliers, il nous faut disposer donc disposer de corpus spécifiques (« métiers ») pour le domaine visé. Nous avons mis en œuvre l'approche que nous avons proposé sur un corpus spécifique de l'entreprise « Lingua & Machina » et nous avons obtenu de bons résultats (scores BLEU d'environ 70%). Ces travaux de recherche vont se poursuivre dans le cadre d'une thèse CIFRE (voir « annexe 6 » pour plus de détails) qui permettra de mieux investiguer le domaine d'adaptation en traduction automatique statistique.

D'autre part, on pourra aussi envisager une étude empirique bien détaillée, accompagnée d'une évaluation qualitative, faite à partir d'exemples choisis (l'amélioration empirique de la traduction des phrases). Cela permettra de comprendre un peu plus finement en quoi les différents modèles de langages se rapprochent (ou s'éloignent) du domaine cible. L'amélioration est-elle sensible au plan lexical et terminologique ? Au plan des collocations et phraséologie ? Au plan syntaxique ? (*Le score BLEU constitue une boîte noire bien pratique, mais en tant que telle elle est susceptible de masquer toute sorte de phénomènes intéressants.*[27])

---

[27] Communication personnelle d'Olivier Kraif.

ANNEXES

Annexe 1 Architecture d'une iMAG

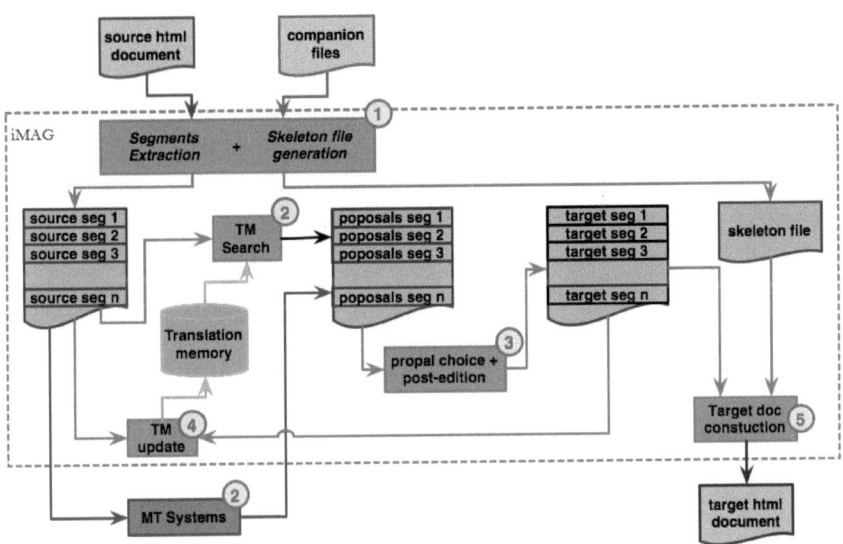

Annexe 2 Les scripts réalisés :

> Wiki2text.pl   créé

Ce script joue le rôle d'un convertisseur, basé uniquement sur les expressions régulières, qui, à l'aide d'un parseur Perl, permet de convertir les articles Wikipédia en un corpus de texte brut. Le corpus est stocké sous la forme d'un fichier XML pour lequel chaque élément est constitué d'une référence (Titre) et son contenu en texte brute

>GetTags.pl   créé

Ce script permet de parcourir un corpus de textes et d'extraire les mots-clés. Cette version n'utilise aucun algorithme pour. Néanmoins, avec des grandes quantités de données

>clean-corpus-n.pl   modifié

Prend en considération les mots à la place des caractères pendant le calcul du ratio

>tmx2corpus.pl — créé

Permet de parcourir une mémoire de traductions de type TMX et de la convertir en un corpus parallèle

>Entity2Uni — créé

Permet convertir les entités HTML en caractères « Unicode »

Annexe 3 Exemple d'un article Wikipédia

```
<source lang="xml">
<page>
<title>Algèbre générale</title>
<id>9</id>
<revision>
<id>61895263</id>
<timestamp>2011-02-02T18:15:34Z</timestamp>
```

L'étude des structures algébriques peut être faite de manière abstraite, mais unifiée dans le cadre de l'[[algèbre universelle]].

== Bases ==

* [[Théorie des ensembles]]
** [[Ensemble|Notion d'ensemble]]
** [[Sous-ensemble]]
** [[Opérations sur les ensembles]]
** [[Produit cartésien]]
* [[Correspondance et relation|Correspondances et Relations]]
** [[Relation binaire]]
** [[Fonction et application|Fonctions et applications]]
* [[Loi de composition]]
** [[Loi de composition interne|Loi interne]]
== [[Structure algébrique|Structures algébriques]] ==
* [[Magma (mathématiques)|Magma]]
* [[Demigroupe]]
* [[Quasigroupe]]
* [[Monoïde]]
* [[Semigroupe]]
* [[Groupe (mathématiques)|Groupe]]

```
* [[Anneau unitaire|Anneau]]
* [[Corps commutatif]]
* [[Espace vectoriel]]
* [[Algèbre sur un corps|Algèbre]]
* [[Opérade]]
== Articles connexes ==
* [[Algèbre universelle]]
* [[Structure algébrique]]
* [[Évariste Galois]] et [[Niels Henrik Abel]] (mathématiciens ayant fourni un travail majeur pour la construction de l'algèbre)
{{portail|mathématiques}}
{{DEFAULTSORT:Algebre generale}}
[[Catégorie:Algèbre générale| ]]
</revision>
</page>
</source>
```

Annexe 4 Exemple d'un article Wikipédia converti en texte brut

l ' algèbre générale , ou algèbre abstraite , est la branche des mathématiques qui porte principalement sur l' étude des structures algébriques et de leurs relations . l' appellation algèbre générale s' oppose à celle d' algèbre élémentaire ; cette dernière enseigne le calcul algébrique , c' est-à-dire les règles de manipulation des formules et des expressions algébriques .

historiquement , les structures algébriques sont apparues dans différents domaines des mathématiques , et n' y ont pas été étudiées séparément . c' est pourquoi l' algèbre générale possède beaucoup de connexions avec toutes les branches des mathématiques .

l' étude des structures algébriques peut être faite de manière abstraite , mais unifiée dans le cadre de l' algèbre universelle .

Annexe 5 Toutes les expérimentations avec les scores BLEU calculés sous une forme hiérarchique

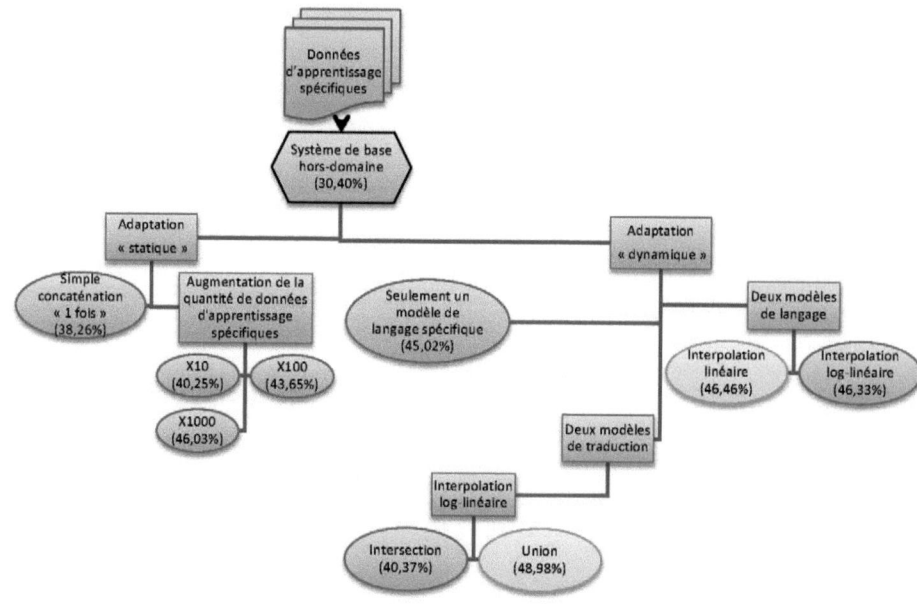

Annexe 6 Exemples de phrases choisis pendant l'évaluation qualitative

Exemple 1

(1000) ces devenir attachés à soulever les particules et à la surface de la liquide
(2000) ces devenir et les particules jointes à soulever à la surface de la liquide
(3000) ces devenir **attachés aux particules** et augmenter les à la surface de la liquide
(4000) ces devenir attachés à soulever les particules et à la surface de la liquide

(5000) ces devenir attachés à soulever les particules et à la surface du le liquide
(6000) ceux-**ci deviennent** fixé à soulever des particules et elles à la surface de la liquide
(7000) ceux-ci deviennent **attachés aux particules** et poser elles à la surface de la liquide
(8000) ceux-ci deviennent attachés aux particules et soulever elles à la surface de la liquide
(9000) ceux-ci deviennent attachés aux particules et poser elles à la surface de la liquide
(10000) ceux-ci deviennent attachés aux particules et de les transmettre à la surface de la liquide
(REF) celles-ci deviennent attachés aux particules et les soulèvent à la surface du liquide
(SRC) these become attached to particles and raise them to the surface of the liquid

Exemple 2

(1000) l' interaction avec les roches enfermant est d' importance pour la composition des eaux de subsurface saline
(2000) l' interaction avec les roches enfermant est d' importance pour la composition des eaux de subsurface salines
(3000) l' interaction avec les roches enfermant est d' importance pour la composition des eaux de subsurface saline
(4000) l' interaction avec les roches encaissantes est d' importance pour la composition des eaux de subsurface salines
(5000) l' interaction avec les roches encaissantes est d' importance pour la composition des eaux de subsurface salines
(6000) l' interaction avec les roches encaissantes est d' importance pour la composition des eaux de subsurface salines
(7000) l' interaction avec les roches encaissantes est d' importance pour la composition des eaux de subsurface salines
(8000) l' interaction avec les roches encaissantes est d' importance pour la composition des eaux de subsurface salines
(9000) l' interaction avec les roches encaissantes est d' importance pour la composition des eaux de subsurface salines
(10000) l' interaction avec les roches encaissantes est d' importance pour la composition des eaux de subsurface salines
(REF) l' interaction avec les roches encaissantes est importante pour la composition des eaux de subsurface salines
(SRC) interaction with enclosing rocks is of importance for the composition of saline subsurface waters

Exemple 3

(1000) réciproque de electrolytic conductivity
(2000) réciproque de **la conductivité** electrolytic
(3000) réciproque de la conductivité electrolytic
(4000) réciproque de la conductivité electrolytic
(5000) réciproque de la conductivité electrolytic
(6000) réciproque de la conductivité electrolytic
(7000) réciproque de la conductivité **électrolytique**
(8000) réciproque de la conductivité électrolytique
(9000) réciproque de la conductivité électrolytique
(10000) réciproque de la conductivité électrolytique
(REF) réciproque de la conductivité électrolytique
(SRC) reciprocal of electrolytic conductivity

Exemple 4

(1000) la canaux étaient employées pour développer l' économie régionale
(2000) **les** canaux étaient employées pour développer l' économie régionale
(3000) les canaux étaient employées pour développer l' économie régionale
(4000) les canaux **ont été** employés pour développer l' économie régionale
(5000) les canaux ont été employés pour développer l' économie régionale
(6000) les canaux ont été employés pour développer l' économie régionale
(7000) les canaux ont été employés pour développer l' économie régionale
(8000) les canaux ont été employés pour développer l' économie régionale
(9000) les canaux ont été employés pour développer l' économie régionale
(10000) les canaux ont été employés pour développer l' économie régionale
(REF) les canaux ont été utilisés pour développer l' économie régionale
(SRC) the canals were used to develop the regional economy

Exemple 5

(1000) l' eau avec de fortes matière organique contenu (humic acide)	
(2000) l' eau avec une forte teneur en la matière organique (acides humiques)	
(3000) l' eau avec une matière organique contenu (acides humiques)	
(4000) l' eau à haute teneur en **matière organique** (acides humiques)	
(5000) l' eau avec des teneur en matière organique (l' acide humique)	
(6000) l' eau avec **une forte teneur** en matière organique (**acide humique**)	
(7000) l' eau avec une forte teneur en matière organique (acide humique)	
(8000) l' eau avec une forte teneur en matière organique (acide humique)	
(9000) l' eau avec une forte teneur en matière organique (acide humique)	
(10000) l' eau avec une forte teneur en matière organique (acide humique)	
(REF) eau avec un contenu élevé en matière organique (acide humique)	
(SRC) water with high organic matter content (humic acid)	

Annexe 6 : Objectifs de la thèse CIFRE avec « Lingua & Machina »

Objectif scientifique de la CIFRE (avec la société Lingua & Machina):

De nombreux travaux académiques de recherche en traduction automatique statistique sont appliqués sur un nombre limité de types de documents (brèves journalistiques, transcriptions parlementaires, plus récemment conférences) abordant un ensemble de domaines vaste (culture, sport, etc.). La problématique d'adaptation à un nouveau type / domaine y est souvent vue comme une recherche de documents additionnels permettant d'augmenter et/ou spécialiser la couverture des modèles de traduction.

La réalité des besoins industriels peut être différente, en particulier dans le contexte de l'entreprise Lingua et Machina. Un premier travail empirique mené en collaboration entre le LIG/GETALP et Lingua et Machina montre qu'il faudrait plutôt proposer des techniques d'adaptation d'un système à un sous-langage pour lequel on dispose d'une mémoire de traductions (MT) certifiée et de taille parfois très importante. Le problème du manque de données s'efface au profit d'un problème dual où la masse de données disponible est trop importante par rapport à la « couverture théorique » du domaine visé. Il s'agit alors plutôt de mettre en place des techniques efficaces de filtrage de données afin d'obtenir la meilleure qualité possible de traduction automatique.

Ainsi, les défis scientifiques et les aspects particulièrement novateurs de ce projet sont les suivants :

    a) Peut-on évaluer objectivement la « taille théorique» d'un domaine, en fonction de différents paramètres monolingues et bilingues (taille du lexique spécifique, niveau de

contrainte du langage, divergence interlingue, etc.) et en déduire la quantité de données optimale nécessaire ?
b) Une telle évaluation peut-elle être vérifiée empiriquement / généralisée sur d'autres domaines / d'autres couples de langues ?
c) Quelles techniques de filtrage doivent être mises en place pour optimiser la qualité des modèles (filtrage des données, filtrage de la table de traduction) ?
d) Comment évaluer les systèmes développés en situation d'usage réelle ?

<u>Objectif industriel de la CIFRE :</u>

Objectifs à court terme – Nous partirons du principe que la plateforme « Libellex » actuellement commercialisée possède pour chaque client une terminologie et un corpus pertinents, exhaustifs et à jour. Etant donné que « Libellex » est un système auto-apprenant, cet état est censé être atteint après quelques mois d'utilisation de « Libellex » par le client.

Le premier objectif est une question d'ingénierie logicielle : installer l'ensemble des briques nécessaires à une chaîne MOSES de traduction automatique sur un serveur propre, typiquement un serveur hébergé par notre fournisseur habituel AMEN. Il s'agit d'une action de transfert de connaissances du LIG/GETALP vers L&M.

Le deuxième objectif est également une question d'ingénierie logicielle : établir un mode de communication API pour que la plateforme « Libellex » puisse envoyer des requêtes de traduction automatique au serveur MOSES/AMEN. Il s'agit d'une action de développement conjoint entre les deux parties.

A partir de là, L&M sera en capacité de dupliquer le service de traduction automatique en installant de nouveaux serveurs et de nouvelles instanciations de MOSES et le doctorant et le LIG/GETALP sont en capacité de constater les performances obtenues en conditions réelles.

Objectif à long terme – L&M désire travailler de façon intégrée avec le LIG/GETALP pour améliorer les performances. Il s'agit d'émettre des hypothèses sur les paramètres ou les informations qui permettraient une traduction automatique plus précise et de les tester en temps réel sur les comptes client.

Lingua et Machina anticipe un très fort développement de ses ventes dès lors que la traduction automatique fera effectivement partie de son offre commerciale. Compte-tenu des forts besoins de développement logiciel de nos produits, cette augmentation du chiffre se traduira immédiatement en embauches de développeurs. Lingua et Machina représente une force de travail de dix personnes à ce jour, il est anticipé que ce nombre atteindra vingt à vingt-cinq personnes dans un an.

Bibliographie

BROWN ET AL., 1990
Brown, P. et al. 1990.
A statistical approach to machine translation
Computational Linguistics, 16(2), 79-85.

BROWN ET AL., 1993
Brown, M. P., Hughey, R., Krogh, A., Mian, I. S., Sjölander, K., & Haussler, D. (1993). Using Dirichlet mixture priors to derive hidden Markov models for protein families. In: *Proc. of First Int. Conf. on Intelligent Systems for Molecular Biology*, (Hunter, L., Searls, D., & Shavlik, J., eds) pp. 47-55, Menlo Park, CA: AAAI/MIT Press.

KOEHN, OCH, AND MARCU, 2003
Philipp Koehn, Franz Josef Och, Daniel Marcu. "Statistical Phrase-Based Translation". In Proceedings of the Human Language Technology Conference 2003 (HLT-NAACL 2003), Edmonton, Canada, May 2003. (http://www.isi.edu/~koehn/publications/phrase2003.html)

WANG, AND WAIBEL, 1997
Wang, Y. and A. Waibel, "Decoding Algorithm in Statistical Machine Translation," Proceedings of the Conference of the Association for Computational Linguistics (ACL). (http://www.aclweb.org/anthology/P97-1047)

PAPINENI ET AL., 2001
K. Papineni, S. Roukos, T. Ward, and W. Zhu. 2001. "Bleu: a method for automatic evaluation of machine translation."

DODDINGTON, 2002
GEORGE DODDINGTON, "AUTOMATIC EVALUATION OF MACHINE TRANSLATION QUALITY USING N-GRAM CO-OCCURRENCE STATISTICS". PROCEEDINGS HLT '02, PROCEEDINGS OF THE SECOND INTERNATIONAL CONFERENCE ON HUMAN LANGUAGE TECHNOLOGY RESEARCH. PAGES **138—145**. San Diego, California, USA.

BANERJEE ET LAVIE, 2005
SATANJEEV BANERJEE AND ALON LAVIE, 2005. "METEOR: AN AUTOMATIC METRIC FOR MT EVALUATION WITH IMPROVED CORRELATION WITH HUMAN JUDGMENTS". PROCEEDINGS OF THE ACL-05 WORKSHOP.

KOEHN, 2005
Philipp Koehn. "EUROPARL: A PARALLEL CORPUS FOR STATISTICAL MACHINE TRANSLATION", MT SUMMIT 2005.

KOEHN ET AL., 2007
KOEHN, P., HOANG, H., BIRCH, A., CALLISON-BURCH, C., FEDERICO, M., BERTOLDI, N. (2007). "MOSES: OPEN SOURCE TOOLKIT FOR STATISTICAL MACHINE TRANSLATION". ACL 2007, DEMONSTRATION SESSION.

OCH ET NEY, 2000

>F. J. Och and H. Ney. "Improved Statistical Alignment Models". ACL'00. Pages 440-447. Hongkong, China. October 2000.

STOLCKE, 2002

>STOLCKE. "SRILM - AN EXTENSIBLE LANGUAGE MODELING TOOLKIT". IN PROCEEDINGS OF ICSLP'02, DENVER, COLORADO. SEPTEMBER 2002.

OCH, 2003

>FRANZ JOSEF OCH. "MINIMUM ERROR RATE TRAINING IN STATISTICAL MACHINE TRANSLATION". PROCEEDINGS OF THE 41ST ANNUAL MEETING OF THE ASSOCIATION FOR COMPUTATIONAL LINGUISTICS, JULY 2003, PP. 160-167.

BESACIER ET AL, 2006

>BESACIER L., LE V.-B. & BOITET C. (2006) "ASR AND TRANSLATION FOR UNDER-RESOURCED LANGUAGES". PROC. ICASSP-06, TOULOUSE, 15-19/5/06, IEEE, 4 P.

BLANCHON, 2004

>BLANCHON H. (2004) "COMMENT DEFINIR, MESURER ET AMELIORER LA QUALITE, L'UTILISABILITE ET L'UTILITE DES SYSTEMES DE TAO DE L'ECRIT ET DE L'ORAL : UNE BATAILLE CONTRE LE BRUIT, L'AMBIGUÏTE ET LE MANQUE DE CONTEXTE". HABILITATION A DIRIGER DES RECHERCHES, UNIVERSITE JOSEPH FOURIER - GRENOBLE 1, 20 DECEMBRE, 356 P.

BLANCHON ET BOITET, 2008

>BLANCHON H. & BOITET C. (2008) "POUR L'EVALUATION EXTERNE DES SYSTEMES DE TA PAR DES METHODES FONDEES SUR LA TACHE". NUMERO SPECIAL DE TAL SUR L'EVALUATION PP. 1-33.

BOITET, 2007

>BOITET C. (2007) "CORPUS POUR LA TA : TYPES, TAILLES, ET PROBLEMES ASSOCIES, SELON LEUR USAGE ET LE TYPE DE SYSTEME". RFLA (REVUE FRANÇAISE DE LINGUISTIQUE APPLIQUEE) PARIS, 1/PP. 25-38.

BOITET, 2007

>BOITET C. (2007) "ETAT DE L'ART EN TRADUCTION DE L'ECRIT" (RAPPORT ACTUALISE V3). PROJET TRANSAT, D-1.1.2.C, GETA, CLIPS, IMAG, JANVIER 2007, 68 P.

BOITET, 2008

>BOITET C. (2008) "LES ARCHITECTURES LINGUISTIQUES ET COMPUTATIONNELLES EN TRADUCTION AUTOMATIQUE SONT INDEPENDANTES". PROC. TALN-08, AVIGNON, 9-13/6/08, ATALA ED., 12 P.

BOITET ET AL., 2009

BOITET C., HUYNH C.-P., BLANCHON H. & NGUYEN H.-T. (2009) "A WEB-ORIENTED SYSTEM TO MANAGE THE TRANSLATION OF AN ONLINE ENCYCLOPEDIA USING CLASSICAL MT AND DECONVERSION FROM UNL". PROC. RIVF 2009, DA NANG, 13-17/7/09, IEEE, P. BELLOT ED., 8 P. (EXTENDED & UPDATED FROM EPONYM CI-2008 PAPER)

HAJLAOUI ET BOITET, 2008

HAJLAOUI N. & BOITET C. (2008) "TA STATISTIQUE A PETITS CORPUS POUR DE PETITS SOUS-LANGAGES". PROC. TOTH-08, AVIGNON, 5-6/6/08, UNIVERSITE DE SAVOIE, L. DAMAS ED., 18 P.

HUYNH ET AL., 2008

HUYNH C.-P., BOITET C. & BLANCHON H. (2008) "SECTRA_W : AN ONLINE COLLABORATIVE SYSTEM FOR EVALUATING, POST-EDITING AND PRESENTING MT TRANSLATION CORPORA". PROC. LREC-08, MARRAKECH, 27-31/5/08, ELRA/ELDA ED., 8 P.

VO-TRUNG, 2004

VO-TRUNG H. (2004) "REUTILISATION DE TRADUCTEURS GRATUITS POUR DEVELOPPER DES SYSTEMES MULTILINGUES". PROC. RECITAL-2004, FÈS, MAROC, 19-22 AVRIL, 8 P. HTTP://WWWCLIPS.IMAG.FR/~GENTHIAL/PUBLIS/HUNG-RECITAL-03.PDF

PRATYUSH ET AL., 2010

PRATYUSH BANERJEE, JINHUA DU, BAOLI LI, SUDIP KR. NASKAR, ANDY WAY, JOSEF VAN GENABITH. COMBINING MULTI-DOMAIN STATISTICAL MACHINE TRANSLATION MODELS USING AUTOMATIC CLASSIFIERS. In: AMTA 2010 - 9th Conference of the Association for Machine Translation in the Americas, 31 October - 4 November 2010, Denver, CO, USA.

ROGATI, 2009

Monica Rogati (2009). Domain Adaptation of Translation Models for Multilingual Applications. PhD (April 2009).

HOLGER, 2010

Schwenk Holger (2010) Adaptation d'un Système de Traduction Automatique Statistique avec des Ressources monolingues, TALN 2010.

ECK ET AL., 2004

Eck, Matthias and Alex Waibel and and Vogel, Stephan (2004) Language Model Adaptation for Statistical Machine Translation based on Information Retrieval. In Proc. of LREC'04.

ISABELLE ET AL., 2007

PIERRE ISABELLE, CYRIL GOUTTE, MICHEL SIMARD (2007) DOMAIN ADAPTATION OF MT SYSTEMS THROUGH AUTOMATIC POST-ENDING. Machine Translation Summit XI. Copenhagen, Denmark. Pages 255-261.

KOEHN ET SCHROEDER, 2007

Philipp Koehn et Josh Schroeder (2007) Experiments in Domain Adaptation for Statistical Machine Translation. Prague, Czech Republic. Association for Computational Linguistics.

FOSTER ET AL., 2010

Foster, George and Goutte, Cyril and Kuhn, Roland (2010) Discriminative instance weighting for domain adaptation in statistical machine translation. Proceedings of the 2010 Conference on Empirical Methods in Natural Language Processing. EMNLP '10.

BERTOLDI ET FEDERICO, 2009

Nicole Bertoldi et Marcello Federico (2009) Domain Adaptation for Statistical Machine Translation with Monolingual Resources. Proceedings of the 4th Workshop on Statistical Machine Translation. Pages 182-189, Athens, Greece. 30 March 2009.

DAUMÉ ET JAGARLAMUDI, 2011

Hal Daumé III et Jagadeesh Jagarlamundi (2011) Domain Adaptation for Machine Translation by Mining Unseen Words. Association for Computational Linguistics, Pages: 407-412.

Printed by Books on Demand GmbH, Norderstedt / Germany